平和学入門 1

平和を理解するための思考のドリル

多賀秀敏

勁草書房

本書の目標

平和学は，広範な議論を網羅する学問分野である。このテキスト『平和学入門1』『平和学入門2』では，その中でも，特に，皆さんが大学生として，戦争と平和を学びながら，どのように自分の考え方を鍛えていけばよいのかについて「思考のドリル」のようなことを試みたい。この「思考のドリル」は，この科目のみならず，他の社会科学の学問分野にも応用可能である。すなわち，このテキストは，「平和学」という学問体系の基礎的理解だけでなく，その理解を通じて，国際社会を見ていく「思考の方法論」をも身につけてもらうことを意図している。

ここで，私の講義の目標について，具体的に3つ挙げておきたい。1点目に，「平和」概念の明確化，すなわち，「平和とは何か」についての理解を深めることである。平和については，いろいろな定義の仕方があるが，学問上の合意をしておくことをひとつの目標としたい。そして，そのことを通じて，平和学が，なぜ今日のようにこれほど幅広い学問になったのかということを理解してもらおうと思う。2点目には，平和学の知識を得るだけではなく，平和学が他の学問分野から積極的に援用する「比較・分類」あるいは「因果関係を見抜く方法」も同時に学んでもらうことである。そして，3点目に，資料への接近方法，検索方法の学びがある。講義を聴いて，それをうのみにするのではなく，それをもとにして「まず自分で調べ，自分の頭で考えること」が大切であろう。

これらの3点の目標を達成するために，知っておいてもらいたい大切なことがある。大学は「よい答え」のみを得るところではなく「よい問い」を得るところでもある。受講生の皆さんの中には，よい評価を得ようとして毎週毎週，質問をしてくる人もいる。しかし，無理に質問をする必要はない。本当に必要だと思うことだけを質問してくれればよい。「よい問い」を見つけることが大切である。「よい問いは優れた研究成果を生む」，私はこの格言は確かなものだと思っている。これまでの経験から，学生の皆さんからよい質問を受けると，それは本当によい研究成果に結びつくことを感じている。これこそが，講義における知の往還である。この格言は忘れないようにしてほしい。

そのためには，まずは，講義で聞いたことに対して疑問を持つ。その疑問をとりあえず図書館に足を運んで，自分でとことん調べてみる。そして，自分の頭を使って考え抜く癖をつける。その上で，なお解決しない疑問点があれば，ぜひ質問や相談をしてみてほしい。

本書は，私が担当した平和学講義の記録から作り上げたテキストである。教室のライブ感を生かすため，口語的な表現もあえて織り交ぜながら伝えるスタイルをとった。資料も，新しいものに切り替えられるものはアップデートしたが，教室での雰囲気を生かすために，基本的には，そのとき使ったものをそのまま載せている。ご了解いただきたい。読者の皆さんが，私の教室にいるつもりで，このテキストを存分に活用してくれることを願っている。

目　次

コラム

序
平和学とは何か

【平和学の目的】

> 平和は希求するだけでは実現されない。平和の実現に向けて科学的な見地から研究を蓄積し，その成果を広く人類が行動指針として受け入れるように努力しなければならない。

これは，私があるインタビューを受けたとき，「平和学は珍しい学問だが，その目的は何か」という問いに答えたものである。

「平和になれ，平和になれ」と願っているだけでは，平和は訪れない。それを実現するために，信条的なものも大事だけれど，どうしたら平和になるだろうかということを，科学的な観点から研究し，それを蓄積する。そして，そこで成果が得られれば，その成果を広く人類一般，世界中に発信して，人々の行動指針として受け入れてもらう。そうすれば，平和になっていくのではないか。これが平和学の目的である。このことを念頭に置いて，講義を聴いてもらいたい。

【平和学の特徴】

他の学問分野と比較して，平和学の特徴とは何であろうか。平和学とは，平和，戦争，人権，開発，環境のようにたくさんの課題を対象とする幅広い学問である。なぜ，これらの課題が平和学を構成しているかについては，順次，この後の講義で説明していこうと思う。

この図 0–1 は，岡本三夫が平和学の構成を示すためにアラン・ニューカムとハンナ・ニューカム（Alan and Hanna Newcombe）の議論をもとに作成した図である（「平和とは何か。平和学入門」長崎平和研究講座第 1 回）。ほとんどの学問がすべて平和学に統合されているというイメージとなる。

図 0–2 もそれに似ていて，私が平和学に対して持っているイメージである。真ん中に平和学があり，右側は平和学の手法，すなわち，どういう方法をとって平和学を進めていくかというときに，これらの学問の蓄積を助けに使う。そして，左側はこれまでの平和に関する知識を蓄積した部分と，大ざっぱには言うことができる。例えば，核物理学がこの図には入っている。平和の大きな障

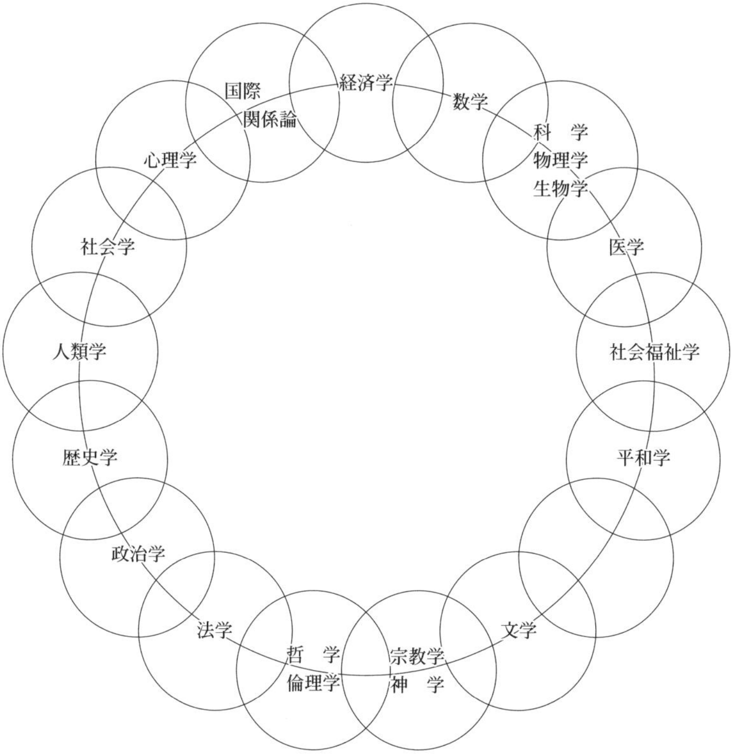

図 0-1　平和学の構成（岡本，n. d., Newcombe & Newcombe（1969）を基に岡本が作成）

害になっている核兵器の問題を検討するときには，やはり，そのシステムなどを学ばなければ，やみくもには反対することはできない。また，文学なども実は大事な部分を占めていることも，よく，この図から読み取ってもらいたい。

もうひとつ忘れてならないことは，平和学は実学だという点である。机の上だけでやっていればよい学問ではない。さまざまなフィールドに行って，平和のための実践や，それを阻害する動き，現実からも学ばなければならない。学んできたことを，「これをやってくれれば紛争は解決しますよ」と，ある種の政策提言のような形で出すこともある。

ただ，これだけ広くて学際的で現実を見なければならないのは大変なことで，

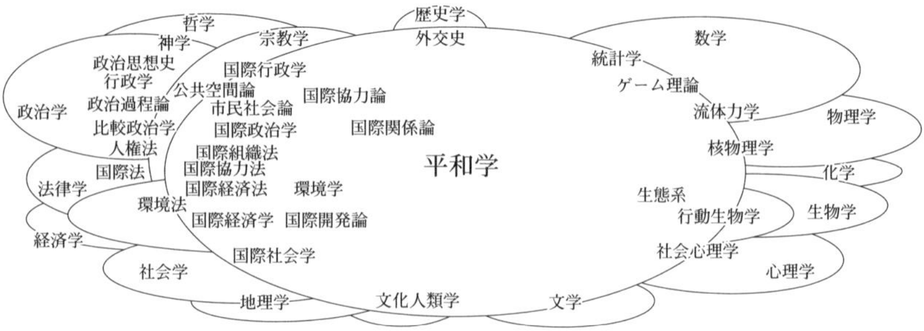

図 0-2　平和学の構成（筆者作成）

とても１人の人間ですべてをカバーすることはできない。したがって，学問，研究を行う際には，その中から一定の課題を絞り込む作業が必要になる。皆さんも，自分でテーマを決めて卒業論文を書くときには，ぜひとも課題を絞り込む作業を忘れないようにしてほしい。

そして，そのためには，構想力，想像力，批判力，分析力，実践力といった力が必要となる。構想力とは，平和という非常に大きな事象を相手にしているので，自分が今，全体の中のどこにいるのだろうかということを常に忘れずに構想していく力である。次に，想像力が必要とされる。例えば，さまざまな計算方法があるが，この地球上では６秒に１人が飢えて亡くなっている。しかし，日本ではフードバンクが出てきたとはいえ，まだまだ「賞味期限が切れたから」と言って食料を捨ててしまう。レストランで随分残すことも当たり前になっていて，結婚披露宴ではだいたい25パーセントの食べ物が残されるとの調査もある。「今，自分がやっていることは，いったい，飢餓とどういう関連があるのだろうか」という想像力，「自分の一挙手一投足が地球の裏側に達したときに，どういう影響を及ぼすのか」というイマジネーションが必要になってくる。そして，現状維持の流れに対しては批判力が問われる。「この地球はまだ修正可能だ。現実は大きくて即座にはなかなか逆転させることはできないけれども，少しずつでもよくすることは可能だ」との視点に立ったとき，今の仕組みのこういったところが悪いと理論立てて批判する力が必要になる。もちろん，そのおおもとになる分析力も重要である。社会科学はなかなか制約が多いので，分析を進めるには，比較と分類，そして因果関係をなんとか求めてみる

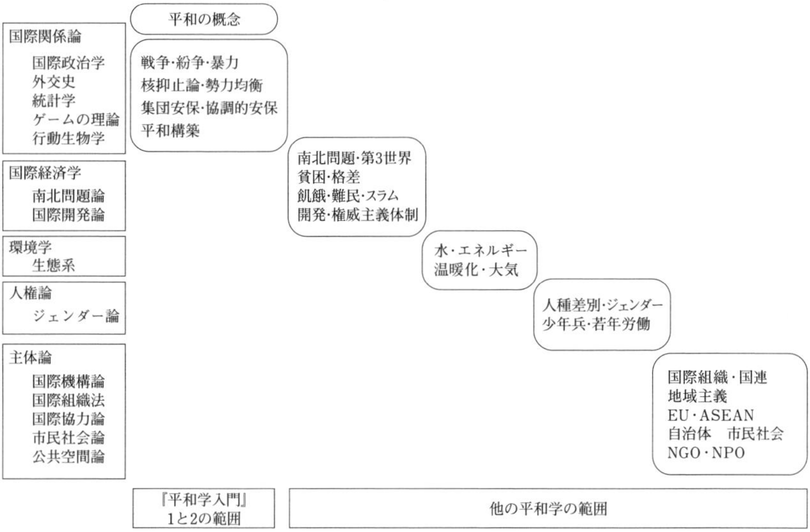

図 0-3　本書で扱う平和学の範囲（筆者作成）

作業が中心になる。そして，最後に，人類の一員としての実践力が問われてくる。平和学は実学なので，将来，大学の場を離れても，もし，そういう気持ちがあるのなら，地球市民の1人として平和のために何かを実践してみようではないかというところに到達してほしい。

【この平和学講義の扱う範囲とテキストの構成】

本書が扱うのは，平和学の網羅する範囲の中でも，もっとも絞り込んだものとなっている。図 0-3 は，平和学が取り扱う範囲を表しているが，実は，この講義でやることは，本当に平和学の基礎的な部分である。つまり，左上に示された「平和の概念」と「紛争と平和構築」に絞ったことをやっていく。

このテキストは，『平和学入門 1：平和を理解するための思考のドリル』『平和学入門 2：戦争を理解するための思考のドリル』の 2 冊構成になっている。1 巻では平和について，2 巻では戦争についての議論を中心に展開する。

今，皆さんが手に取っている『平和学入門 1』は，3 部構成になっている。

第 1 部　学問としての平和学
第 2 部　現代平和学の発達とパラダイムチェンジ
第 3 部　平和学を学ぶ上での事象の背景

第 1 部では，学問としての平和学の位置を社会科学の中でとらえ，議論の前提となる「平和」の概念についての定義を共有する。まず，第 1 講「平和学と国際関係論」では，平和学を理解するための基礎的な知識として，ウェストファリア体制，主権国家，アクターの概念など，国際関係論で使われる基本となる概念を理解しよう。第 2 講「国際社会のモデル化」では，無政府状態の国際社会（アナーキーな国際社会）をどのように理解したらよいのかについて，これまで，国際関係論で蓄積されてきた国際社会モデルを使いながら理解を深めよう。そして，その上で，これまでのモデルでは説明しえない「新しい社会現象」が国際社会に起きていることも確認し，平和学を理解するツールを増やしておきたい。第 3 講「平和の概念整理」では，世界中の平和という言葉を集めて，文明や文化，時代を超えた分類を試み「平和の多様性」について考えたい。同時に，学問的な共通の定義が必要なことの意味も理解しよう。

第 2 部では，現代平和学がどのように発達してきたのかについて，現代平和学の登場以前から説き起こし，現代平和学の先駆者たちの業績を見ていきたい。その上で，平和学がどのように制度化されたのかを考えていこう。そのために，まず，第 4 講「現代型平和学以前の平和学」では，現代型平和学が登場する前にどのような研究があったのかを考える。続いて，第 5 講「紛争の科学的分析の登場」では，現代平和学の歴史をたどるとき，誰しもが挙げる非常に著名な 3 人の平和学者，ルイス・F・リチャードソン，クインシー・ライト，ケネス・ボールディングの業績を紹介する。第 6 講「ゲーム理論による発展」では，戦後の行動科学革命の中で数理的手法を取り入れて平和の問題を扱ったアナトール・ラパポートのゲーム理論について考えよう。そして，第 7 講「平和ならざる状態（ピースレスネス）」と第 8 講「構造的暴力と積極的平和」では，1960 年代後半に，平和学にパラダイムの転換をもたらした新しい概念「平和ならざる状態」と「構造的暴力」について議論を進めたい。続いて，第 9 講「平和学の制度化」で，教育面で平和学がどのように講じられるようになっていったのかを見てみよう。そして，実学としての平和学が，どのように国際社会の変化に影響を与えたのかについて，冷戦の終焉を事例に考えてみたい。

最後の第 3 部では，平和学を学ぶ上で，皆さんに知っておいてもらいたい事象の背景を深く理解しておきたい。ここから 4 講にわたって，資料の探し方や平和を考える上で知っておくべきことについてお話ししていく。世界中で，平和学に関連して，いったい何が起きていたかを見ていくとき，「その底にある潮流は何であったのか」,「その事象と平和学とのやり取りは何であったのか」,「この小さな惑星の実態をいかにして知るのか」をテーマに設定し，最初の 2 回は，どちらかと言えば政治・軍事分野に関係したもので，次の 2 回は，経済・文化・社会面に迫っていこうと考えている。具体的には，第 10 講「紛争関連資料の集め方・読み方」で，軍備・軍事費・武力紛争に関わる資料は，いったい，どこで手に入るのかについて述べる。特に，3 大データブック『SIPRI 年鑑』,『ミリタリーバランス』,『ACDA レポート』の価値について考えたい。続いて，第 11 講「核兵器と安全保障」では，核兵器の危険性と科学者たちの行動に焦点を当てて，それらをどのようにかみ砕いて理解したらよいのかを説明していこう。第 12 講「経済関連指標と世界の現実」では，経済の指標である人口，生産，貿易の 3 つが人類の平和にどのような影響を与えているのかについて見ていこう。特に，生産力や貿易額が増えたことで人口増加の不足を乗り越えて，実際に世界は豊かになったのかを皆さんと一緒に考えてみたい。第 13 講「貧困者の声」では，この講までのようなマクロの視点からの数字的なデータだけではなく，ミクロの視点を使いながら，貧困者という個々の身体の声を拾い，貧困とは何かを考えてみたい。

第1部
学問としての平和学

第1講
平和学と国際関係論

皆さんが大学で学ぶのは「科学」である。その科学には，「自然科学」「社会科学」「人文科学」がある。社会科学には，法学，歴史学，政治学，経済学，社会学のような学問体系がある。20世紀に入り，2度の世界大戦をはじめとして，冷戦や冷戦後の世界など，これまでの個々の学問体系のみでは説明のつかない事象が出現し始めた。そこで，国際社会の出来事や成り立ちを説明し理解を深めるために，「国際関係論」という学問体系が20世紀に誕生し発展した。このテキストのテーマである平和学は，社会科学のさまざまな方法論を駆使して平和を考える学問である。まず，この講では，平和学を理解するための基礎的な知識として，ウェストファリア体制，主権国家，アクターなど，国際関係論で使われる基本となる概念を理解しておこう。

【国際関係論とは？】

第１講では，平和学を学ぶ前提として，国際社会を理解する方法論となる国際関係論の考え方を整理しておこう。国際関係論とは，どのようなものだろうか。なかなか一言で表すのは難しいが，最大公約数としてもちうる定義として，次のようなものを用意した。

> 国際社会で生起する社会現象を，科学的に，記述・分析・予測する学問である。

国際社会では，毎日さまざまな社会現象が起きている。決して，偏見を持ったり，心情的な形で社会現象を書き記したりするのではなく，できるだけ科学的に正確に記述し，その記述に基づいて分析をしてみる。続いて，その分析に基づいて，いったい，この現象はこれからどうなるのだろうかと予測してみる。このような学問が国際関係論である。

では，この定義にある「国際社会で生起する社会現象」とは何なのか，また，いったい，国際社会とはどのような社会なのかについて理解せねばなるまい。国際社会は，絶えず大きく変化している。その変化に応じて，その構成員の解釈も変化してきた。この学問独特の言葉で，構成員のことをアクター（actor）と呼ぶ。アクターとは，舞台の上で演技をする人の意で，ここでは国際社会でなんらかの活動を行う主体である。少し専門的な言葉では，行為主体，あるいは，行為体という言い方をする。

国際社会の構成員はいったい何なのかについての解釈は，国際社会の変化に応じて変わってきた。当初，国際社会は，主権国家で形成されるものだと言われ，もっぱら，その焦点は国家間関係に当てられていた。主権国家がいくつかあって，それらがこの国際社会を形成している。極端に言うと，それ以外は，この国際社会の構成員ではない。そこで始まる関係は，国家間の関係でしかない。それを記述・分析・予測していくのが，国際関係論なのだと考えられていた。

ところが，現在では，主権国家以外の，国境を越えて活動する集団がたくさん存在し，しかも，それらが一定の影響力を国際社会に及ぼし，集団あるいは組織，時には個人も国際社会の重要な構成員であるという認識が一般的である。この国際社会は，主権国家だけで構成されているのではなくて，その他にもいろいろなタイプの構成員が存在し，それら全部によって国際社会が成り立っている。これが解釈の変化ということになる。

そうした国際社会の構成員の間に相互作用が生まれ，さまざまな社会現象が起きてくる。国際社会では，そのような社会現象が，あるときは何らかの協力関係を育んだり，あるときは何らかの対立関係を生んだり，それが解決できずに紛争をもたらすこともある。このような過程が，国際社会では頻繁に，区切りなく起きている。そして，その過程が生み出す結果があり，国際関係論は，その過程と結果の両者を分析の対象として扱う。さらに，その相互作用も，たった１つのものではなく，さまざまな相互作用が累積した結果，複雑な関係が生じてくる。これらを記述・分析し，将来を予測するのが国際関係論という学問である。

【学際性の高い学問】

序で，平和学の特徴を，学際性が高いことと述べた。国際関係論も，非常に学際性が高い学問であり，政治学，経済学，法律学，社会学，文化人類学，歴史学などの多数の学問領域を総動員して１つの現象の分析にあたっていく。その根本的な理由は，もとより，国際社会で生み出される国際関係が非常に複雑な構造を持っていて，多様な現象を生み出しているからに他ならない。もちろん，ここで示したような学問領域以外にも，手法，スキルとして，例えば，統計学といった分野の助けを借りて分析を行うこともある。

国際社会で起こる１つ１つの現象は，やっかいなことに，多くの場合，お互いにつながりを持っている。ある１つのことが起きて，次にもう１つのことが起きたとき，これはお互い独立した事件や問題だと考えがちである。しかし，よくその根本を探ってみると，根っこは一緒で問題はつながっていたということが，国際関係ではしばしば起きる。

国際関係論は，このような学際性を基礎にしてお互いにつながりあう課題の分析にあたる。すなわち，国際紛争や世界全体の経済格差，民主化の問題，それから，地球温暖化や公害の絡む環境問題，あるいは天然資源の問題，人権，ジェンダーに絡む問題など，さまざまな国際社会の具体的な争点（イシュー）を分析していくのである。

国際関係論は，その誕生のいきさつから，実は，政治学や外交史が中心になっていると言われている。私のような，国際政治学からこの分野に入ってきた研究者はもっぱらそう考えている。もちろん，違う考え方も存在するが，やはり，主流は政治学や外交史が中心となって誕生したということになろう。

したがって，国際政治学と国際関係論の相違をあえて明確にすれば，国際政治学はその名の通り「政治」が中心に座っている。もっとはっきりした言い方で，誤解を恐れずに表現すれば，「権力」の問題を中心にして，ぐるぐるとその周りをめぐる議論の形をとる。それに対して，国際関係論は，その名前が示す通り，こうしたアクターの「関係」がその中心にされる。ただし，分析していくには，当然，権力の問題なども避けていくことはできない。

そこで，あえて国際政治学を厳密に狭義に囲い込んでいくと，以下のように分類することができる。国際政治学は，もっぱら外交の問題や，安全保障の問題，軍備管理・軍縮の問題，また，その先には紛争・戦争があり，それらを中心的な問題として研究していく。そのように国際政治学を囲い込むと，国際関係論は，より広い具体的なテーマとして，環境問題，食糧問題，文化の問題，あるいは貿易の問題も含み，また，南北の格差，第三世界の問題なども扱うと考えられよう。最近では，こういった格差は，国内でも生じ，国内の格差の問題と国際的な格差の関係も論じられている。しかし，この狭義と広義の区分けは，あくまでも厳密に定義すればという話で，国際政治が文化の問題にふれないかと言えばそうではない。どちらが中心となるかと考えていくときに，こういう学問間の分担も可能であると考えてもらえればと思う。

【英語で表現すると】

国際関係論は，もともと，英語圏で誕生した学問なので，当然英語で命名された。国際政治学は “international politics” と表すのに対して，国際関係論は “international relations” と呼ばれる。どちらも IP とか IR と大文字にして略すことがある。なぜかと言うと，実際に行われている国際政治もやはり “international politics” と呼ばれ，また，実際の国際関係もやはり “international relations”と英語で呼ばれるからである。そのため，これを書き言葉にするときには，ＩとR，ＩとＰなどと大文字にして表現することで，実際に起こっている事実を指すのではなく学問体系のことを指しているのだと区別している。

次に，大事なことは，どちらも“inter”を言葉の頭に付けているということである。皆さんもよくご承知のように，“inter”という接頭辞がついた言葉は，例えば，インターカレッジ（intercollegiate）があり，日本語ではインカレなどとよく言う。「大学間の」「大学対抗の」という意味である。「インカレで優勝する」のようによく使うだろう。それから，コンピューターなどでインターフェース（interface）という言葉がよく使われる。もともとは異質な２つの組織やシステムの接点，結合部という意味を持っている。そのどちらも“inter”という接頭辞が表しているのは，間とか際という意味である。したがって“international”という言葉は，「国際」「国家間の」という意味で，日本語では訳されてきた。この“international”という形容詞を常に上に付けていることが大事なのである。

では，国家間関係以外の関係は抜けてしまってよいのだろうか。そういう懸念をした人々がもちろんいた。“international politics”は国家間政治，“international relations”は国家間関係と厳密には直訳できる。そこで，これらの用語を使わずに国家以外のことも含みこむ意味を込めて，“world politics”（世界政治学）だと言ったり，あるいは，もっと大胆に“global politics”（地球政治学）という呼び方をしたりする。ただ，そうした世界政治学や地球政治学という言葉で言い表そうとしている国家間以外の関係を国際関係論が含みこんでいないかというとそうではなく，含みこんでいるというのが一般的な認識であろう。

【国際関係論の誕生】

国際関係論はいつごろ，なぜ，誕生してきたのだろうか。他の学問体系に比べると新しい学問だと何度も言っているが，その起源をたどってみようと思う。最初に国際関係論という科目が置かれたのは，1915年，イギリスのウェールズ大学アベリストウィス校（Aberystwyth, 現在のアベリストウィス大学）だと言われている。1920年代初期には，ロンドン大学のカレッジLSE（London School of Economics）に国際関係論の学科が設置された。1927年には，大学全体が国際関係論に特化した国際・開発研究大学院が，国際連盟に所属する外交官を養成するために設置された。ここで初めて，国際関係論の博士号の学位が授与された。これはすべてヨーロッパで起きた動きである。

アメリカを見ると，1919年，ジョージタウン大学にアメリカで最も古い国際関係学部が設置された。ジョージタウン大学は今でも国際関係論の研究で非常に評価が高い大学である。そして，1928年にシカゴ大学の国際関係論委員会が，アメリカで初の国際関係論の学位を出した。ヨーロッパが先行して，やや遅れてアメリカに渡ったということがここで確認できる。

国際社会の歴史自体を考えると，国際関係論が大学に導入されたのは，第1次世界大戦と第2次世界大戦の戦間期である。1910年代の後半から1930年代であるが，なぜこの期間に集中してきたのかを理解するために，簡単に国際社会の歴史を振り返ってみたい。

【ウェストファリア体制の誕生】

現在の国際体系は，ウェストファリア条約締結以降のヨーロッパの国際体系に起源を有する。国際社会というものが誕生したのは，1648年のウェストファリア条約が締結された時点であると，多くの教科書に記述されている。それはなぜだろうか。ウェストファリア条約は，言うまでもなく，プロテスタントとカトリックの対立の中で起きた三十年戦争を終結させた条約である。その条文の中に，ウェストファリア体制，あるいはウェストファリアシステムと呼ばれる国際体系が成立するということが書かれている。どういうものかと言うと，まずは，主権国家が国内の政治の管轄権を握る。主権というのは至高の権力で，誰にも邪魔されない。その主権国家は，国内の政治には排他的な管轄権を持っている。国際政治のシステムにおいては，この主権国家が政治的な主体となる。

ウェストファリア条約以前の国際政治，あるいは国際社会，ヨーロッパ社会においては，世俗のものは神聖ローマ帝国皇帝，そして，神のものはローマ教皇という二元支配が行われてきた。ところが，そのヨーロッパ社会が国家の領土によってきれいに分割され，主権国家が国際社会を形成する主体となるシステムに移行することが，このウェストファリア条約で決められた。それまで皇帝と教皇によって決められてきたシステムからの離脱である。そうすると，必然的に独立国家間の外交や軍事がいかにあるべきかについての制度化がどんどん進んでいくことになる。

ヨーロッパにできあがったウェストファリア体制は，ヨーロッパ公法によって成立したヨーロッパ世界の秩序だった。しばしば，これについては，ユトレヒト条約からベルサイユ条約までと表現されることもある。ところが，実際には，当時のヨーロッパ公法というのは，国際法と同義語だったといっても過言ではない。図式としては，国際社会＝ヨーロッパ国際社会となる。その後，ヨーロッパ以外の地域は，ヨーロッパ諸国によってどんどん植民地化されていき，その地域が植民地化されるごとに，このウェストファリア体制はその植民地にももたらされ，ヨーロッパ公法がそこにも適用されることになっていく。

したがって，近代の国際政治の枠組みは，この植民地化とともに世界全体にウェストファリア体制が広がっていく形でなされたと言ってもよい。そのとき，ヨーロッパ公法である国際法は，ヨーロッパ諸国にさまざまな点で有利に取り決めがなされていた。例えば，無主地の先占といって，どこの国にも属していない土地は，先に占領した国の領土となる。また，公海自由の原則によって，領海以外のところは世界中の船舶が自由に行き来してもよい。これが，ヨーロッパ諸国にとって，植民地を作る上で役立った。異論はあるかもしれないが，いわばヨーロッパ公法にすぎないものを，ヨーロッパが国際法として世界に押し付けてきたという見方もできないわけではない。したがって，概念的には，国際社会＝ヨーロッパ国際社会という狭い概念から，ヨーロッパ国際社会＝国際社会という広い概念に展開していくわけである。

このようにして，国際社会のプロトタイプができあがった。その後，国際社会は，国家間，同盟間の総力戦として，第１次世界大戦，第２次世界大戦という２度の世界大戦を戦う。両方とも，世界の多くの国々を巻き込んだ，それまで見たこともないような規模の戦争である。しかも，兵士だけが戦うのではなく，非戦闘員である多くの民間人を巻きこんで，国内の工業生産力までもが勘定に入れられる総力戦であった。

【プレモダンとポストモダン】

2度の世界大戦を通じて，国際社会はそれまでと様相を一変させることになる。しかも，第2次世界大戦が終了するのとほとんど同時に，米ソを中心とする東西両陣営の冷戦が始まる。この冷戦下で起きていた大きな変化は，植民地の多くが独立して主権国家となったことである。冷戦ばかりが注目されるが，この間に着々と，第三世界，南の世界，植民地と呼ばれた地域が独立国家となっていった。ここで初めて，植民地が独立国家として，このウェストファリア体制に入ってきたのである。そうなって初めて，国際社会≒国際社会という形式的な形が成立していく。

なぜ，これを「形式的」という見方をしたかと言うと，確かに国家が独立して国際社会に参加してきてはいるが，その個々の国家の内実を見てみると，ヨーロッパ国際社会が誕生したときのように，それぞれの国家が均質な状態ではなく，国々によって大きな国力の差が存在していたからである。国によっては，前近代的なものをそのまま残していたり，あるいは，外交軍事権を他国に任せる形で半独立状態だったり，1つの政府が国内の隅々までコントロールし，掌握する状態ではない状況がしばしば見られたのである。

こうした国々を総称して，まだ近代ではないとして，プレモダンという言葉が使われた。他方，工業化が先行していた国々では，個人や企業，さらには地方政府や非政府組織（non-governmental organization: NGO）などの市民社会組織の越境活動，つまり，国境を越えて活動することを最大限許容して，主権国家を相対化する国々も現れてきた。主権国家を相対化するというのは，具体的な表現をすれば，国境をどんどん低くして越えやすいようにし，あたかもそこに国境がないかのようにしていくことである。こうした国々のあり方を，ポストモダンと総称する。現代の国際社会では，プレモダンからポストモダンまで，多くの性格や特徴を持った国々が併存している形になったのである。

現代の国際関係を見てみると，多様な国々の集まりであるにもかかわらず，「均質な主権国家」という，いわば虚構の前提に基づいて国際体系を作り上げている。したがって，その国際体系に影響を及ぼす，1つ1つの国内政治を無視するわけにもいかなくなる。これは，国際政治と国内政治との連繫政治，リンケージ・ポリティクス（linkage politics）と呼ばれ，その連繫も国際関係論では分析の上で重視される。

ここまでの議論でもわかるように，国際関係論で用いられる分析のレベルも，非常に多様な形をとらざるをえないことになる。あるときは個人レベルまで下っていって，1人1人の個人に焦点に合わせて分析していく。エスニシティやアイデンティティの問題が問われるようなケースもある。それでも，もちろん依然として，1つの有力な国際社会単位として国家レベルがある。このレベルを中心に考えるのが，国際関係論の伝統的なスタイルである。さらに，国際的なレベルとして，トランスナショナルレベル（trans-national level）が生じてくる。これは無理やり日本語に置き換えると，脱国家レベルという言い方ができる。先ほど述べたような市民社会や多国籍企業が，国境を越えてあたかも国家に根っこがないような形で活動をしていく。それでも，それらは明らかに国際社会の構成員であるアクターであり，伝統的な国家間関係だけではなく，ここにも焦点を合わせて分析をしていかなければならない。そして，さらには，1つ1つの政府や政府間の関係の分析ではとても間に合わない環境問題などは，大きな地域的な広がり，あるいは地球全体としてグローバルレベルで分析しなければならない。このようにして，国際社会のアクターが多様化してくると，分析のレベルも多様にならざるをえないのである。

【冷戦と日本の国際関係論】

さて，ここで話を先ほどの国際関係論の誕生に戻そう。今，本当に簡単に，国際社会のおおもとがウェストファリア条約でヨーロッパにできあがったところからお話を始めた。当時は，君主が主権を握っていた。君主が隣の国と戦争を始めたり，賠償金を受けとったりしながら，小規模な王室間戦争を繰り返した時代が続いた。ところが，フランスに革命が起き，主権が国民のものとなった。そうすると，戦争などにナショナリズムという厄介なものが持ち込まれてくる。非常に熱狂的な国民が戦争に参加していくことで，国家の外交や戦争の影響は，直接，国民にも及ぶことになる。君主がそれを決めてしまう，あるいは君主が儲けを独占する時代はここに終わりを告げる。そして，その結果，ついに，第1次世界大戦で国民を巻き込んだ総力戦が展開され，それまでに見たことのない桁外れの被害が一般市民にまで及ぶこととなる。

このような事態に直面して，世界中の人々，あるいは研究者たちは，第1次世界大戦のような，大きな被害を一般市民にもたらす戦争，戦火を繰り返さないためには，いったいどうしたらよいのか，こんな戦争は二度としたくないという問題意識を持つようになる。そして，これまで述べたような，政治学や歴史学，国際法学などが扱ってきた国際関係，極端な言い方をすれば学問の端っこの方で扱われていた国際関係を，研究の中心に据えて，専門の独立した学問を確立して，このような戦火から人類を守らなければならないと考え始めた。そのような機運が生まれ，第1次世界大戦以降，その主戦場となったヨーロッパで，国際関係論という科目が大学に導入されてきた。

国際関係論が誕生した当初は，その研究対象は，まだまだ国家間関係，政府間関係，各国の政府首脳の間の政治的交渉がどのように進んだのかなどに焦点が当てられていた。それが，先ほど言った形で，現代の多様なアクターを含む現代的国際関係論になるのは，まだこの先である。

国際関係論の誕生以降，第2次世界大戦を経て，今度は冷戦が始まる。その冷戦の一方のリーダーであるアメリカは，この冷戦に勝ち抜くためにはどうしたらよいかと，国も政府も研究者に十分な支援を与え，実践的な理論として核抑止論や戦力論を中心とした国際関係論を発展させていく。そこで，西側陣営である日本などの国々は，表現はきついかもしれないが，このアメリカ発の学問を直輸入したのである。このようにして，アメリカから日本に国際関係論という科目が入ってきた。そして，この後，リアリズム（現実主義），リベラリズム（自由主義），マルキシズム（マルクス主義），コンストラクティビズム（構成主義）といったさまざまな学派が誕生することになる。そうした学派は，おおむね時代の産物である場合が多い。こういったことも念頭に置いておくようにしてほしい。

この講の冒頭に，国際関係論の定義を示した。ここで，それに関連して，日本に国際関係論という学問をアメリカから輸入するというミッションを持って，アメリカに派遣され，日本で初めて国際関係論のテキストを作った，日本でのいわば国際関係論の開祖の一人にあたる大家からお話を伺ったときに言われた言葉を紹介しておこう。

国際関係論とは，壮大なる雑学である。

私が学生のころに聞き，いまだに大変印象に残っている。これは，大変含蓄の深い言葉であろう。先ほど，学問のイメージで挙げたように，国際関係論は，政治学から歴史学，あるいは法律学，そして社会学や文化人類学などの学問をすべて網羅して，まるでレオナルド・ダ・ヴィンチ（Leonardo da Vinci）のような人がやる，そんな学問に映ったわけである。ところが，その先生がおっしゃるには，

どんな知識でもいいから，この学問のなかに動員できるものは，どんどん使いなさい。どんなことでも知っていることを総動員して，国際関係という複雑で多様な社会事象，これを分析していったらいいのだよ。

となる。皆さんもどうか，この言葉の持っている含蓄を，十分かみしめて学んでいただければ大変幸いに思う。

コラム1　問題通と事情通

平和学をはじめとして，国際社会・国際関係について学ぼうとする皆さんに，とりわけ強調したい点が2点ある。現在，多くの問題が国際社会で起こっているが，なんとかそれらの問題を乗り越えていこうとの試みがさまざまある。そのときに重要となる第1点は，国際関係の実態や諸問題について研究するときにかぎとなる，国際的な「理論」の必要性である。そして，2番目の強調点は，「実践」の必要性である。

さて，そういったことを考える上で，「問題通」と「事情通」という分け方があるので紹介しておこう。問題通というのは，1つの理論に従って，今，生起している社会的現象を論理的に判断する傾向の強い人たちである。ところが，この人たちには欠点もある。理論には強いが実情に非常に疎く，世界中に1つの理論が普遍的に適用されると思い込んでいる。そういう価

値基準を自分は身に付けているぞと思い込んでしまって，その1つの理論ですべての問題を切っていってしまう傾向がある。こういう傾向は，純粋な理論家，あるいは法律家，それから，これは少し意見があるかもしれないが，アングロサクソン的な思考をとる人々の中に見られがちである。

そして，もう1つ，事情通というものが存在する。これは，その事情をよく知っていて，それらの事情を考慮しながら判断をしていく人たちである。この人たちにも欠点がある。それは，極めて心情的に物事を判断してしまう傾向である。つまり，ある事件や問題が起きたときに，その地域の事情にとても詳しく，その実態が普遍的な価値から逸脱していたとしても，その背景がとてもよくわかっているために，ついつい，そうした事件に対して寛容になってしまう。これは，どういう人たちに見られるかというと，地域研究者のような特定の地域を研究している人たちや，社会・文化の研究者，あるいは，先ほどのアングロサクソン的思考と対比される，東アジア的な思考を多くとりがちな人々の間にある。

こう言われても，何のことだかわからないという方もいるかと思う。では，事例を通じて考えてみよう。例えば，天安門事件が中国で起きた。これを問題通，理論的な考えでは，「この事件は人権問題である」とスパッと切って一般化して批判をしていく。ところが，この天安門事件発生の背景をよく理解している事情通の人たちとしては，「もし，あの天安門の，あの場所で，あのような取り締まり，人によっては，弾圧ということをしておかないと，あの事態が中国じゅうの大都市に広がって，やがて小都市，農村部まで達してしまったら，これは中国が大騒動になってしまう。どうしてもここで止めてしまわねばならなかったのだ」というように，個別に対して寛容な考えとなる。実際に，天安門事件が起きた後に，当時のシンガポールのリー・クァン・ユー首相（LEE Kuan Yew, 1923–2015）は，「これでよかったのだ」という論調で中国政府をバックアップした。

そこで，皆さんには，理論にも強いし，事情にも強い，その両方を目指してもらいたい。これが，このテキストの基調の考え方である。

第2講
国際社会のモデル化

前講で，国際関係論の中から，ウェストファリア体制，主権国家，アクターの概念などを取り上げ，平和学を理解するための基礎的な知識を確認した。私たちが生きるこの世界には「世界政府」は存在しない。すなわち，主権国家のように領土を確定し，その中の主権者を代表する国家政府のような存在がないのである。

この第2講では，そのような無政府状態の国際社会（アナーキーな国際社会）をどのように理解したらよいのかについて，これまで，国際関係論で蓄積されてきた国際社会モデルを使いながら理解を深めよう。そして，その上で，これまでのモデルでは説明しえない「新しい社会現象」が国際社会に起きていることも確認し，平和学を理解するツールを増やしておきたい。

【ビリヤードモデル】

ここで，国際関係論という学問を通じて，国際社会のあり方をどのようにとらえていくのかを，簡単なシステム論を使いながら具体的に示してみたい。すなわち，世界をモデル化して理解する方法論である。モデル化するというと何か大きな話だが，ここでは，ビリヤードモデル，レイヤーケーキモデル，クモの巣モデルの3つのモデルと，それらを深く理解するためのシャンパングラスモデル，カスケードモデルについて考えてみたい。

まずは，ビリヤードモデルから説明していこう。皆さんも，ビリヤードはご存じだろう。玉突きのことである。このビリヤードモデルでは，玉を主権国家に例える。この玉は，外から力を与えるとコロコロと転がって，どこかにぶつかったりするが，実は，中身は変わらない。その玉は，中身がいつまでも変わらない主権国家を表している。それが時にぶつかったり，あるいは一緒の方向に転がっていったりする。これが国際政治であるという考え方が基本にあるモデルである。

このビリヤードモデルは，1点目に，国際社会のアクターは主権国家だけであるとする特徴を持つ。2点目に，国際政治がさまざまな方向にいく変化が起きても，主権国家の内実は変わらない，すなわち，国内社会は変わらないことを前提にしている。3点目に，実際のビリヤードではありえないことだが，あまりにひどい衝撃を受けると，ボール自体が壊れて消滅してしまうことが挙げられる。国際社会では歴史的にありえることで，主権国家が消滅してしまうこともある。これを唱えているのは，ハンス・モーゲンソー（Hans Morgenthau, 1904–1980）を筆頭とする現実主義者（リアリスト）と呼ばれている人たちである。その最も参考になる文献は，モーゲンソーの『国際政治：権力と平和』（モーゲンソー，2013）である。ぜひ，この翻訳書を手にとって読んでほしい。

では，この現実主義のビリヤードモデルの論点はどこにあるのだろうか。先ほども述べたように，国際関係におけるアクターは，単一で合理的に行動する主権国家であるというのが1番目の命題である。主権国家は，何か心情にほだされて非合理的に動いたりするものでなく，常に理詰めで動く前提に立っている。そのときに合理的に追及する目標の1番が安全保障である。随分古くから

図 2‒1　ビリヤード

言われるが，国家の役割とは，国内における福利の充実，そして，外に向かっての安全保障である。安全保障に深くかかわる国際政治，あるいは国際関係においては，このような国家の働きを特殊な用語で「パワー（power）」という言葉を使って表す。国際政治で言うパワーは，おおむね軍事力であるとの考え方である。軍事力が強い国ほどパワーが大きいという前提に立っている。しかも，国際政治は権力闘争の色彩を強く持っている。とりもなおさず，国際社会には，統一的な権威が存在しない。必然的にアナーキーな形で，権力闘争の色彩を強く持ってしまうことになる。

こうした現実主義派に対する批判はさまざまある。これまでも議論したように，国際関係におけるアクターは，主権国家に限らないという批判がある。例を挙げれば，国際連盟のような国際機関，NGO，あるいは平和運動をずっとやりつづけた個人らも国際関係におけるアクターであり，これらも取り上げなければ真の分析はできないとの批判である。

次に，国家の追求する目標は安全保障に限らないとの批判がある。例えば，国家は経済力を一生懸命，国ぐるみで追求してもよいし，あるいは文化的な繁栄をわが国の目標だと掲げてもよい。さらに，別の批判として，国際関係におけるパワーは軍事力に限らないというものもある。例えば，経済力が時として

図2-2　レイヤーケーキ

パワーとして使われたり，あるいは文化が持っている力をパワーとして使ったりする。ハードパワーである軍事力に対して，文化などのソフトパワーが重要なのだという考え方である（さらには，近年，中国が貿易依存を巧みに使ったシャープパワーの概念も取りざたされている）。国際政治は権力闘争の色彩のみではないとの考え方も批判として出てくる。それは何かといえば，政治交流や経済交流，社会交流，文化交流もやっており，また時には，金融などの分野の問題に国際社会で協調してあたることがあるではないか，むき出しの権力闘争だけではないとの批判である。

【レイヤーケーキモデル】

このビリヤードモデルに続く，国際社会理解のための第2のモデルが，レイヤーケーキモデルである。レイヤーケーキとは，どのようなものだろうか。スポンジケーキの間にブルーベリーとクリームが挟まっていて，さらにその上に別の層がのっているとか，あるいは，チョコスポンジの間にクリームが挟まって一番上にイチゴがのっているとか，こういう多層的な形をしたケーキがレイヤーケーキである。

このモデルは，国際社会は何層もの階層からなり，ちょうどケーキのような状態であるとの意味合いを持っている。何層にも階層ができあがってしまって

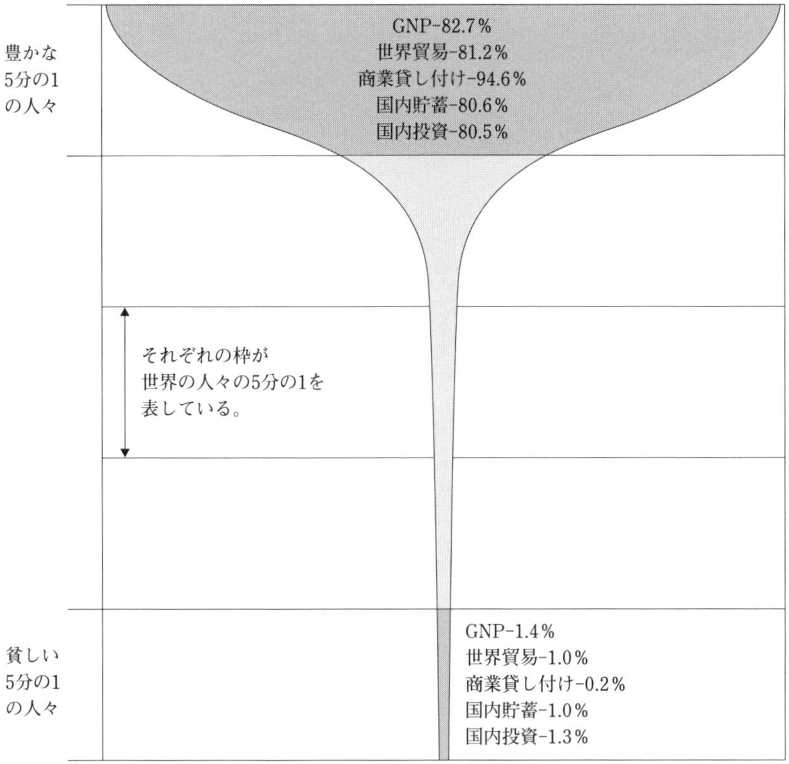

図 2-3　世界の経済格差（1989）（United Nations Development Programme, 1992）

いるのが国際社会である。このケーキは，実は，下に大きく膨らんでいる。人口とか国の数である。上にいくほど，また，違う部分が膨れてくる。所得とか技術とか資本である。そういう形で何層も違うものが重なってできあがっていることをケーキに例えている。こうしたモデルを使うのは，イマニュエル・ウォーラーステイン（Immanuel Wallerstein, 1930–2019）などを筆頭とする世界システム論を唱道する研究者たちである。そして，マルクス主義系の研究者たちも，主にこのモデルを使って世界全体を説明しようとしている。

この説明をするときに，もう 1 つ，これと似たような形で出される，派生形とも言えるシャンパングラスモデルというものがある。図 2-3 を見てほしい。

シャンパングラスは，上の方にいくとわずかな部分がグッと広がって大きくなってシャンパンを受け，下の方はスーッと細い取っ手がついている。世界全体の富の分配は，このシャンパングラスの形になっているのではないかと考えて，これをレイヤーケーキのモデルに補足してみることもなされている。

【クモの巣モデル】

3番目に登場するのが，クモの巣モデルである。クモの巣を，規則的にできあがっているネットワークに見立て，世界のありかたを理解し，説明づけようとする。そのクモの巣の1つ1つの結び目は，相互に依存し合って形を成している。どこか1カ所が欠けて壊れてしまっても，ネットワークの網の目がつぶれてしまう。実際には，お互いに依存し合ってできあがっている。世界もこのような形をしているのだと考えるのがクモの巣モデルである。ソフトパワーの重要性を指摘するジョセフ・ナイ（Joseph Nye, 1937–現在）などが，かつて相互依存を盛んに主張しているときに出てきたモデルにも当てはまる。

もう1つ，クモの巣モデルを深く理解するために，その対抗とも言えるカスケード構造について説明しておこう。カスケードとは滝という意味である。滝の上の方は，水が川で流れてきて一緒になっている。ごちゃごちゃ混ざり合っているが，ひとたび滝に落ちると，落水が1つ1つ筋をなしていく。

かつて，人類の人口は，ずっと1億人前後だったが，産業革命で少し大きくなり，20世紀で途端に爆発的に増えた。生産もそれに応じて，2倍，3倍，4倍というように増えている。このようなことは，人類の歴史でかつてなかったわけである。その上，貿易額は生産増大を越える割合で増えていく。つまり，生産が大きくなって，国境を越えてやり取りされる品物は，それを上回る形で大きくなった。ならば，必然的に，世界は全体として皆が豊かになっただろうと感じると思う。あのクモの巣ネットワークを通じてどんどん取引されれば，みんな豊かになったのではないかと希望を抱くわけである。ところが，実際には，そのようにはならなかった。

模式化すると，図2–6の形になる。上の太い部分では，水が混ざり合っている。それが，滝の一筋になって落ちていくと，もう横のつながりは何もない。ただ一筋の水として落ちていくだけである。滝の上の経済大国が，モノカルチ

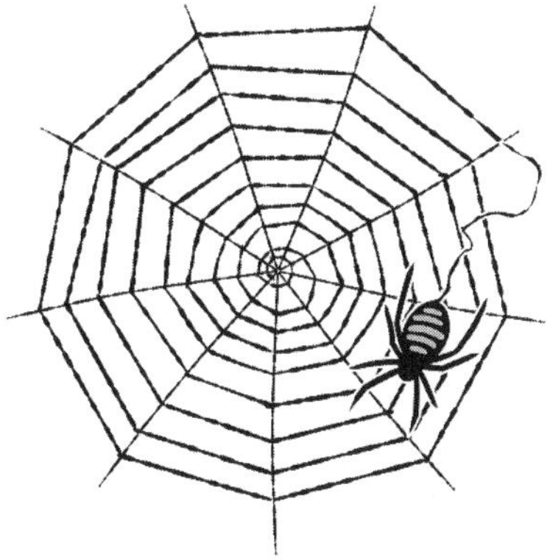

図 2-4　クモの巣

図 2-5　滝（カスケード）

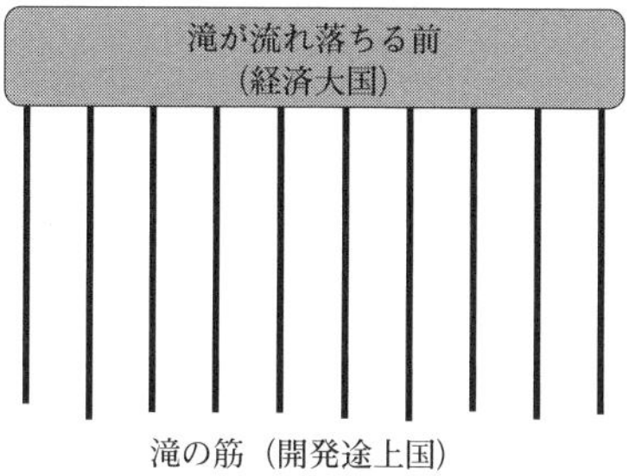

図 2-6　カスケード構造（筆者作成）

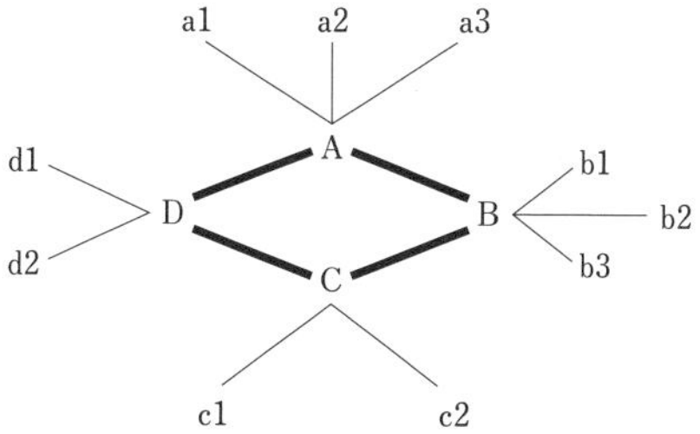

図 2-7　封建的帝国主義構造（筆者作成）

ャー化した滝の下の開発途上国を経済的に支配し，水の流れをコントロールし，たたきつぶすことも可能となる。こういう構造を世界全体がとってしまったのではなかろうかというモデルができあがる。

このような構造をノルウェーのヨハン・ガルトゥング（Johan Galtung, 1930–現在）は，封建的帝国主義構造と名づけた。先ほどのカスケードの図を，ばらしてみると，実は図 2-7 の形になる。大文字で書いた A，B，C，D が，かつての植民地の宗主国にあたる先進国である。そして，小文字で表されている a，b，c，d が，かつての植民地だった国々である。それは，1，2 とか 1，2，3 というように，いくつかの国に分かれて独立していく。

ところが，21 世紀の今日でも，こうしたかつての植民地であった国々は，旧宗主国との結びつきが非常に強く，元植民地同士の横のつながりはほとんどない。旧植民地の国々は，このような封建的な構造の中に組み込まれているのではないか。例えてみると，カスケードのような形ということになる。

先進国A，B，C，Dの間では，テレビや自動車とか，同じようなものを作っていて，その中で輸出入をし合っている。例えば，Aをイギリスと仮定し，a1をイギリスの植民地だったガーナ，a2をナイジェリアと想定してみよう。そうすると，a1とa2の間ではほとんど貿易がない。同じようなものを生産しているわけである。a1は，かつて植民地の時代に，「ここはカカオの生産地」というようにイギリスによって決められるとカカオばかり作り，それをイギリスに輸出していく。

また，Dをフランス，d1をアフリカのフランス領ギニアと仮定しよう。ここは，フランスによってゴムの生産地と決められてしまう。ゴムばかり生産してフランスにそれを送りこむ。同じく，d2をベトナムだとする。ベトナムからフランスを経由して砕米という砕いた米をギニアに持ってきて食料にする。食料を持ってくる代わりに，ギニアはゴムの生産ばかりする。d1とd2の間には直接的な貿易や取引はない。

当時のもっとひどい事例として，d1のギニアのコナクリから，a1のガーナに電話をかけたい場合を述べよう。植民地の当時や，また独立して間もなくの時期はどうなっていたのだろうか。d1から，まずDのフランスにあるパリを呼び出し，パリはAのイギリスにあるロンドンを呼び出す。そして，ロンドンを経て，a1のガーナに回線をつなぐ。このとき初めて，d1とa1の電話がつながる仕組みになっていた。まるでカスケードのように，d1とa1の間にはつながりがなく，d1と上のDとは密接なつながりがある。こういう構造ができあがってしまっていた。これは，クモの巣モデルの裏側をいくモデルではないか。つまり，かつて植民地だった第三世界の国々は，このような形で分断されて，ネットワークの中に組み込まれている。だから，生産が増えて貿易が増えたのに，こうした国々はなかなか先進国のような豊かな発展を遂げることができないとの結論になっていくわけである。

【国際社会のアクターの条件】

これまでアクターという言葉を随分頻繁に使ってきた。これについては第1

講でも触れたが，より具体的に理解してみよう。アンドリュー・M. スコット（Andrew M. Scott, 1922–2005）が『国際政治の機能と分析』（スコット，1973）でアクターの4条件を提示している。まず，1番目に，その存在が明確に確認できることが挙げられる。あやふやな存在ではいけない。2番目に，国際的な舞台で自ら決定し行動する一定の自由を持っている。こうした自由がなければだめで，誰か他者の言うことばかり聞いて行動しているのはいけない。3番目に，他のアクターと相互に作用し，その行動に影響を与えることができる。すなわち，いくばくかの力をもって他のアクターを動かすことができる。4番目に，一定期間存続する。すなわち，すぐに消えてしまう一瞬のものはアクターではない。この4つの条件を満たしているものが，国際社会のアクターであると言っている。

では，次に，実際の国際社会のレベルにアクターを落とし込んでみよう。まず，国際ないし世界的なシステムが存在している。ここには，先ほどの4条件を満たして，国際連合などが入ってくる。その下に超国家レベル（supra-national）あるいは脱国家レベルのシステムがある。このレベルに入ってくるアクターは，国際的な場面で活躍するNGOのような市民社会アクターや多国籍企業などである。それから，その下に国家レベル（national）がある。これが国家システムであり，伝統的な国際社会の体系である。これもやはり，先ほどのアクターの4条件を満たしている。そして，問題なのが，この1つ下にある国家下位（sub-national）のシステムである。なかなか聞き慣れない単語であるかもしれない。このシステムには，国家の下位にあっても，国際社会を舞台に活躍しているアクターが存在し，例えば地方政府などが国際交流をする場合，先ほどの4つの条件を満たしていると考えられる。こういう組織や機構も，やはりアクターと考えねばならない。

そして，最後に，個人が登場する。例えば，核兵器が登場したときに，バートランド・ラッセル（Bertrand Russell, 1872–1970）とアルバート・アインシュタイン（Albert Einstein, 1879–1955）が世界中の物理学者らを集めて，ラッセル・アインシュタイン宣言を出した（第11講参照）。それは，個人がやったことではあるが，やはり何らかの影響をアメリカ合衆国などに与えた。その存在が明確であり，自ら決定し，国際社会の他のアクターに影響を与える力を持っていて，2人ともある程度長寿であったから一定期間存在しているので4つの条件にすべて当てはまる。

【シンプルなシステム論】

国際関係を分析していくときに，システム論と呼ばれるアプローチを採用することがある。システムとは，相互に作用する「要素」からなる「全体」のことである。このシステム論で国際関係を見るときの必須の要素は，範囲(boundary)，アクター，そのアクター間の関係（relation）である。この3点さえつかめれば，ある程度の分析はできる。要素間の相互作用が変わればシステムも変わる。システムはお互いに影響関係にあるので，その相互作用を変化させたりすることで，国際社会の問題を解決する手法として有効となる。ここでは，細谷千博「対三極外交をいかに進めるか」(細谷，1973）を使いながら説明したい。これは，システム論を潜ませた巧妙な例であり，例示として最適ではなかろうかと考える。

その分析は，図2–8のようになる。アメリカ，中国，ロシアの3極外交を軸として世界は進んでいく。日本は，この3極に対して，どのように行動していったらよいのだろうか。日本を真ん中にして，それぞれ，日米関係，日中関係，日露関係を想定している。これは非常にシンプルなシステム論で，それ以外の関係をすべて捨象して範囲を作り上げている。分析するのは，この中に入ったものだけである。次に，ここにそれぞれの関係の可能性を描いてみよう（図2–9)。

白抜きの線で描かれた関係は，両国が親密な協力，協調関係にあることを示す。太い黒の線で描かれた関係は，対立関係にあることを示す。この組み合わせを3カ国（日本を中心として米・中・露）で3本描いて，2つの種類（親密・対立）で考えると，ここに出した8種類以外の関係は考えられないことになる。

一番左上①は，日・米・中・露すべての仲がよい関係にある。逆に，一番右下⑧に描かれた模式図は，日米関係も悪い，日中関係も悪い，日露関係も悪いことが想定される。それ以外は，どこか2つとは仲がよいが1つとは仲が悪い。あるいは，どこか1つとは仲がよいがどこか2つとは仲が悪いことが示されている。

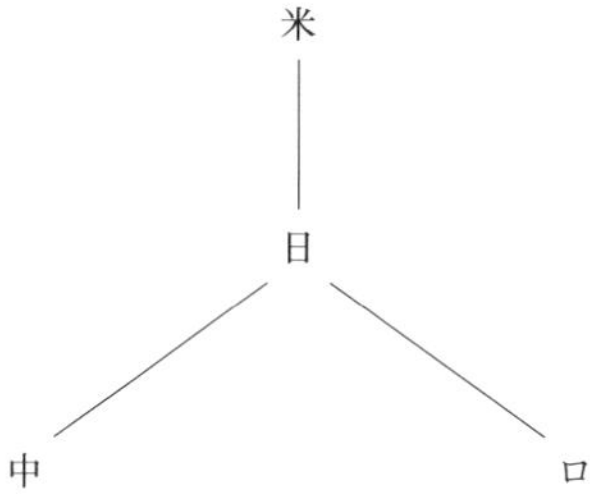

図 2-8　日中米ロの関係（筆者作成）

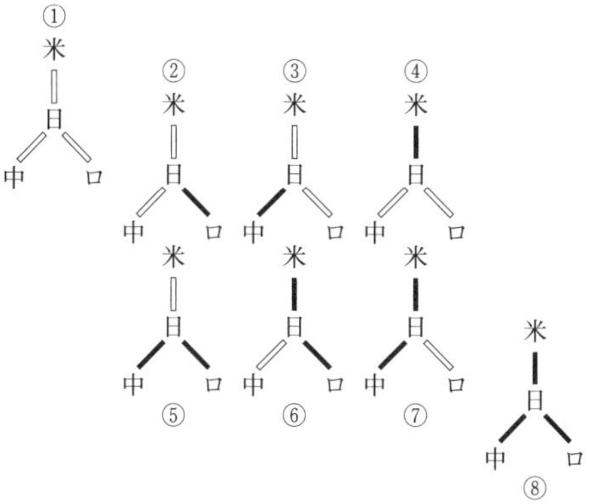

図 2-9　日中米ロの関係の組み合わせ（筆者作成）

これを歴史にあてはめて考えてみよう。例えば，一番右下⑧の関係では，日本がアメリカと対立している。ロシア，すなわち当時のソ連とも対立して，中国とも対立している。これは，実は，第 2 次世界大戦の時期の関係を表している。そして，一番左上①の関係は，日米間もなかなかよろしい，日中間もよろしい，日露関係も非常によろこばしい良好な関係である。これは，実は，これまでの歴史の中で経験したことがない構図である。必ずどこかと具合が悪い，あるいは，どこか 1 つとは仲がよくなれるが残りの 2 つとは仲が悪い構造で，東アジアのこれまでの歴史は推移してきた。

そこで，そろそろこの歴史的に経験したことのない，左上の図式①をこの東アジアで実現してみようじゃないか，そのために，いったいどのようなことが必要かを考えてみよう，皆で知恵を使ってみようと，この論文は提案したわけである。つまり，これが先ほど言った簡単なシステム論の応用になる。

単純に歴史を追って，事実を記述していくことはできる。しかし，それだけでは，この模式図のようなスパッとした結論を得ることはできない。ある歴史の時期には中国との関係は悪くて，アメリカとロシアとはよかった③とか，あるときは日米関係だけ悪くて中国，ロシアとはよかった④とか，そういう描き方をずっとしてくることはできる。それを構造的に分析し，実はこのように左上だけやっていなかったとの結論を導き出すような，シンプルなシステム論を使って，初めて問題のありかを探り出すことができる。

紹介したようなシステム論を使うと，一番シンプルなものでも，このような応用ができる事例を示した。皆さんも，国際関係の中で，このようなものに当てはまる地域，例えば，北東アジアの6者協議のようなものに使ってみて，記述だけでは発見できないような分析結果を，1つでも導き出してみてはいかがだろうか。

【ポストウェストファリア的脱国家・機構モデル】

ここまで，世界をどのようにしたらモデル化できるか，あるいは，その構成員であるアクターには，どういう種類があり，どのように一般に認識されているかについて議論をしてきた。続いて，今まで話してきた中にはない「新しい国際社会単位」が登場してきていることを検証したい。主権国家を超克する試みとしてのポストウェストファリア的国際機構モデルとでも呼べるであろう。

まず，図2–10のように世界の構成を図式化してみた。このグレーの丸1つ1つを主権国家だと考えてほしい。点線で囲まれたところは，地域的な国際機構を示している。例えば，欧州連合（European Union: EU），東南アジア諸国連合（Association of Southeast Asian Nations: ASEAN）などが当てはまる。黒い太線で囲った部分は，世界的な国際機構で，世界貿易機関（World Trade Organization: WTO）や国際連合（United Nations: UN）などが当てはまる。こういう形式の国際機構は，これまでに十分に認知されてきたといえる。例えば，EUは，東ヨーロッパにも拡大され，トルコをどうするかが大きな課題になっている。EUを日本，アメリカと，人口や国内総生産（Gross Domestic Product: GDP）で比較してみると，EUの政治経済圏としての大きさがわかる。実は，ヨーロッパはEUばかりでなくて，複雑な地域機構が重なり合って多層的な状態にある。例えば，安全保障に関連する一番大きな地域機構である欧州安全保障協力機構（Organization for Security and Co-operation in Europe: OSCE）は57カ国，欧州評議会（Council of Europe: CoE）は47カ国も加盟国がある。しかし，これらもすべて，国家が基礎単位として参加する国際機構である。主権国家を分断したり，一部のみを切り取って作られた大きな枠組みではない。

これに対して図2–11のようなモデルが考えられる。ここに「新しい国際社会単位の出現」と書いた。ここには判じ物のような絵が出ているが，この四角

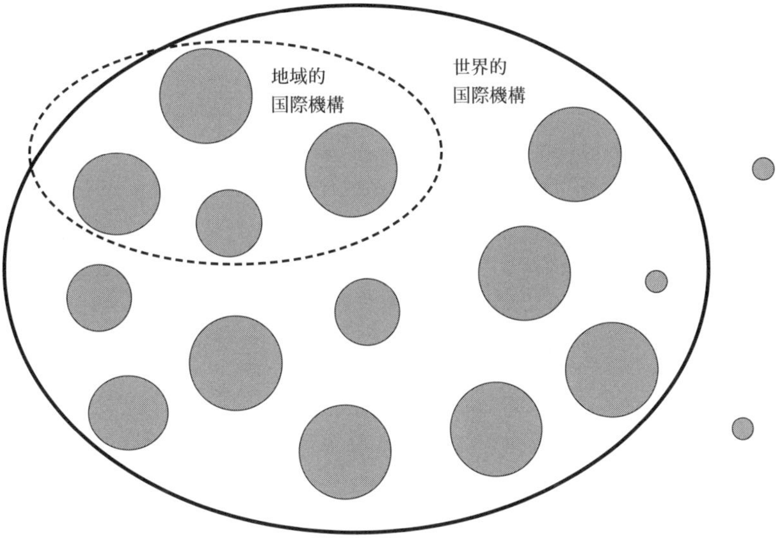

図 2-10　新しい国際社会単位の出現前（筆者作成）

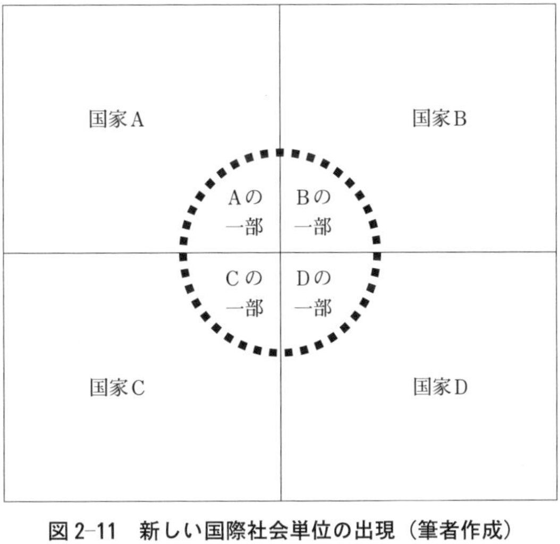

図 2-11　新しい国際社会単位の出現（筆者作成）

で模式化されたものが，おのおの主権国家であると考えてほしい。そして，ここで言う新しい国際社会単位とは，この破線で囲った円形のようなモデルである。これが，実は今，これまでになかったポストウェストファリア的な脱国家・機構モデルとして国際社会に登場してきている。ポストというのは「何々のあと」にくるものという意味である。したがって，ここではウェストファリア的モデルのあとにくるものという意味になる。

ある国の地方政府（それは複数の場合ももちろんある）が1つの国際社会単位の中に入り，同国の残りの他の地方政府はその枠組みには入らない。そうした地方政府が，数カ国に跨って1つの単位を作り上げる。国境地帯は辺境と言われて，これまでの開発や発展から取り残されてきた地域である。そうした地域を発展させるためには，どんな方策が必要かと知恵をめぐらすうちに，国境をどんどん相対化していって，国境に隣接している地方政府同士で新しい組織を作ってはどうか，そこに予算を与えて議会らしきものを作って，まるで国家のようにして自分たちで物事を決めさせていったらどうだろうかという考え方が出てきた。

実は，その先頭を走っているのが，先ほど示したヨーロッパである。それは，ユーロリージョン（Euroregion），またはオイレギオ（Euregio）という形で始まった。これまで戦争を何度も行い，軋轢が多かったドイツとフランスの国境沿いをほとんど埋めてしまうように，両国の地方自治体がINTERREGというプログラムの新しい地域単位を作り上げている。それぞれがEUなどのさまざまな予算をもらって，自分たちが決めたプロジェクトを行っている。もちろんEUがそれを促進しているという背景はあるとしても，例えば，労働政策では，もう国境がなきに等しくされていて，国のどちらの側にも同じような労働条件が，日本でいうハローワークのようなところに示されて，どちらの国民であろうが応募できる。あるいは，ゴミの収集はこんなふうに両方で一緒にやってみようとなる。また，国境沿いの道路が，その国のことしか考えずに不便だったとすると，この地域にとって便利な道路はどんな形か，それを作ってしまおうと，そんなことまでしている。これまでの国際社会が経験したことがなかった国際社会単位がどんどん出てきている。これらは，国家下位的なシステムでもないし，脱国家的なシステムでもない。国境を相対化する新しい動きが登場して，これがEUの発展のエンジンの1つを形成している。その後，EUが，欧州における領域的協力団体（European Grouping of Territorial Cooperation: EGTC）と呼ばれる，どの国にも所属しない国際法人の設立を認め，スペイン・フランス国境では地方政府同士の協力によって病院が運営されたりもしている。これは，各国独特の健康保険制度やもし死亡した時の書類をどうするのかなど，国家の在り方を超えたポストウェストファリア的脱国家・機構モデルの先行事例であると考えられる。

この「破線で囲った円形のモデル」のように，ヨーロッパ中の国境をまたいで跨境地域ができあがり，国境が相対化されていけば，「主権国家によって構成されるヨーロッパ（Europe of the States)」ではなく，「地域によって構成されるヨーロッパ（Europe of the Regions)」になっていく。こうした動きが，もし，世界大のものになると，これまで国境によって描かれていた地図は，あまり意味を持たなくなっていくだろう。

あるいは，国境線の跨境地域より大きいバルト海圏のように，驚くべき多層性をもち，北欧評議会，バルト海地域委員会，バルト海都市連合などさまざまなスケールの国際機構が協力しながら地域の一体化を進めているモデルもある。エコロジーの観点から考えても，水が流れ込む集水域をもとにして，生態系をめぐるさまざまな問題点を自分たちで決めて取り仕切っていこうという動きも出てきている。

【世界経済白書】

では，こうした展開は，アジアにはないのだろうか。図2-12は，約30年前に，当時の経済企画庁が『世界経済白書』で発表した図である。内閣の閣議決定を経て発表しているものであるから，日本国政府が認知したことになる。やはり，アジアでも，ヨーロッパのケースに似たようなものが登場している。

例えば，一番上の楕円形は，北東アジア経済圏という。その中には，環日本海経済圏と環黄海経済圏という2つの楕円形が示されている。この環日本海経済圏を見ると，日本では，日本海側の道府県と太平洋側とに分かれて地域圏を構成している。朝鮮半島も同じように，日本海側寄りの諸道と黄海側の諸道に分かれて新しい地域という国際社会単位を構成している。中国の東北三省がこ

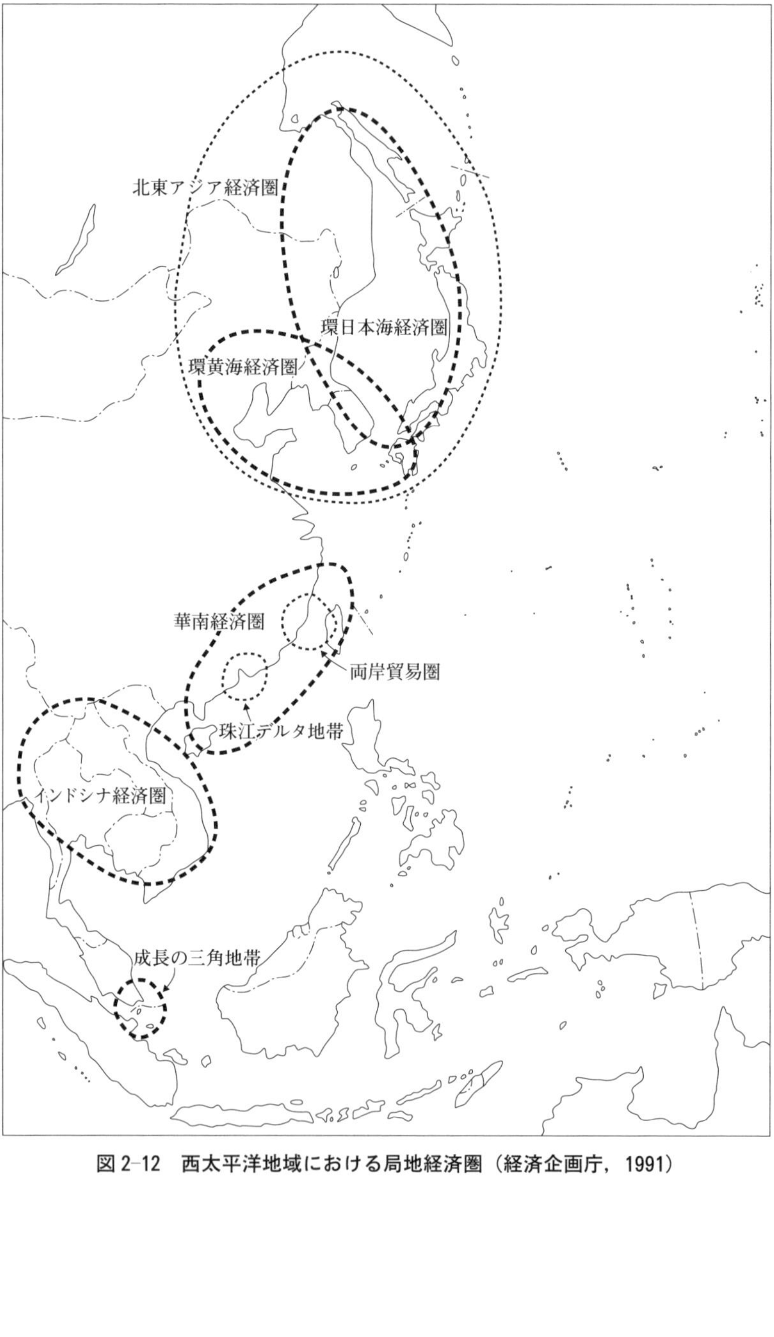

図2-12　西太平洋地域における局地経済圏（経済企画庁，1991）

こに入っている。ロシアも極東からハバロフスク地方の中でも沿海州が含まれている。このように，地方政府だけを相手にした圏域ができつつある。ただし，アジアの方では，実は，社会性はあまり持たない，経済の追求がその最大のポイントとしてみなされている特徴を持っている。

また，左の方に，インドシナ半島を中心としたインドシナ経済圏がある。ここは現在，大メコン圏（Greater Mekong Subregion: GMS）という呼び方もされている。ミャンマー，タイ，ラオス，カンボジア，ベトナムというメコン川流域諸国と同時に，中国の雲南省と広西チワン族自治区だけがGMSの計画の中に入って，着々とインフラ整備などが進んでいる。実は，こうやって詳しく見ていくとアジアでも，ヨーロッパと同じような新しい国際社会単位が出現していると言えるだろう。

第3講
平和の概念整理

この講では，「平和の意味」を問うていきたい。同時に，社会科学が持っている制約を，自然科学などの他の科学分野の知恵を借りながら，どのように超えていくのかの手法も学んでいきたい。平和学の中でも，「平和」の定義は一定ではない。人によって平和の定義が異なってくる。まず，このことを知っておいてほしい。「政治とは何か」「権力とは何か」と定義していくときに，なかなか一定の定義が得られないことがある。社会科学には，往々にしてこのようなことがあり，したがって，大事なことは，自分で平和を定義するとどうなるかを常に考えながら，講義を聴いていくということになろうかと思う。ただし，みんなの定義がバラバラでは，実は，学問の話はできない。そこで，この講義では，議論のための学問的な共通の定義をしていくことを了解してほしい。

【比較と分類：社会科学の制約】

一般的に，科学や学問は，人文科学，社会科学，自然科学に大きく分けられる。平和学は，その中の社会科学に属すると考えられている。自然科学に比べると，社会科学にとって，何らかの分析をしたり報告したり実証するときに，基本的な道具はそれほど多くない。最も基本的な分析道具は「比較」と「分類」であり，それによって物事の本質を突き詰め，未来を予測する。

なぜなら，自然科学と比べると，社会科学には3つの制約条件が出てくるからである。第1に，社会科学は実験ができない。もちろん模擬実験，シミュレーションのような方法があるが，それは完璧な実験ではない。戦争を研究するのに，実際に戦争を起こしてみることは不可能であり，倫理的にも許されない。

第2に，初期条件が一定ではない。放っておいたならば人類社会はどのように安定するのかがわからない。自然科学の場合，例えばある物質が「摂氏0度の条件ではこうなる」といった初期条件がわかっていて，そこに変化を加えていくとこうなるなどが明白である。その初期条件が人間の社会では一定ではない。ただ，これまでにも，戦争について初期条件を研究したジャン＝ジャック・ルソー（Jean-Jacques Rousseau, 1712–1778）やトマス・ホッブズ（Thomas Hobbes, 1588–1679）のような学者もいた。ルソーは，人間の善意を信じて，放っておけば戦争のない社会が来て安定すると考えた。ホッブズは，そうではなく，弱肉強食という状態の「万人の万人に対する闘争」になることを初期条件として提示した（『市民論』および『リヴァイアサン』）。

3つめに，価値中立性が保証されない。鉱石を分析するとき，そこに分析する研究者個人の価値観が入り込む余地はない。ところが，社会科学の場合には，研究者が「中立的な見方をしている」と述べたとしても，それは実際には，「自分自身の認識のプリズム」を通して見た姿でしかない。価値観を経由して打ち出された命題，あるいはテーゼにすぎない。価値中立性が保証されていない上に，分析する人自身が，その分析対象である社会の構成員の1人でもあり，自分の価値に応じて，社会を「それ見たことか！」と変えることさえできる。物理学で質量などについて話していくのとは違い，話に入った途端に，その人の価値観によって選択されたことが話の中に組み込まれている。これが，社会科学の持っている本質であり，制約である。

したがって，平和学において戦争について研究する場合，「社会科学は実験ができない」ので，新しく戦争を実験的に起こしてそこで条件を見ることはできない。だからこそ，過去の戦争についての研究に限定する必要がある（第1の制約）。また，「初期条件が一定ではない」ので，放っておいたらどうなるのかということもなかなか知ることは難しい（第2の制約）。それから，「価値中立性が保証されない」ことから，戦争の定義1つをとっても，戦争を肯定して定義する人と否定して定義する人とでは全く逆の立場からの議論になってしまう（第3の制約）。

社会科学の特性として，平和学も，やはりこれら3つの制約を受けていることを理解しておこう。だからこそ，平和学では，過去の戦争についての研究が必須で，それを比較し分類していって「戦争とはこういうものだ」「回避するためにはどうしたらよいか」との立場に立っているのである。

つまり，社会科学では「まずは自分の頭を使って考えてみる点」が，実験などが可能な自然科学とは大きく異なる。例えば，定義というと，その道の権威が何十年もかかって生み出した命題だと考える人が多いと思う。しかし，そういう神話を打ち破ってほしい。自分で定義してみることを試みてほしい。ただし，それでもなお，ここには，了解するべき点がある。すなわち，学問的には共通の定義が必要になる。共通の定義に基づいて話していかないと誤解を生むおそれがあることも，同時に了解しておかねばならない。

コラム 2　生物学の美しい分類方法に学ぶ

比較と分類で，学問の中でどの分野が一番進んでいるかと考えると，やはり生物学であると思う。生物学が扱っている範囲は，今はものすごく広がっていて，小さい方は分子生物学などもある。ここから始まって，大きいものは生物圏（biosphere）まで扱うように範囲が広い。

しかも，生物学の分類では，動物界（animalia）だけでも120万に及ぶ種類がある。では，いったい，このようなすごい量を，生物学はどのように扱い，どのように分類しているのであろうか。

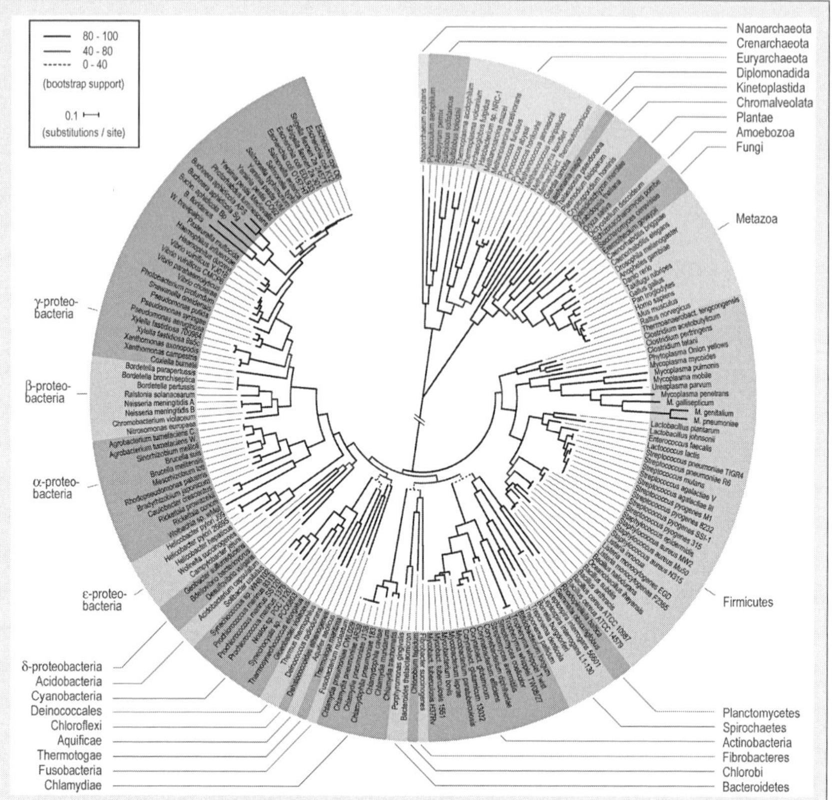

図 3-1　英国ブリストル大学がまとめた生物学の系統樹。地球上のすべての生命がこの系統樹の中に分類される（http://www.chm.bris.ac.uk/motm/oec/images/tree.jpg）

生物学では，分類方法は，およそ生物系統学という形に落ち着いてきている。ひょっとすると，皆さんも，高校生のときの生物の教科書に，大きな木が描いてあって，その真ん中から枝分かれしていく図，すなわちリンネの系統樹を見たことがあるかもしれない。大事なことは，地球上にある生物は全部この中に含み込まれるという分類を，生物学は成したということだ。

その中で，一番美しく，一番細かく分けたのが図 3-1 である。この図の中で，この地球上で生きとし生けるものをすべてきれいに分類している。

表 3-1 分類にいたる条件チェック（Understanding Evolution, n. d.）

	脊椎骨	体幹骨	四肢	羊膜卵	毛	後眼窩骨窓
鮫類	あり	なし	なし	なし	なし	なし
条鰭類	あり	あり	なし	なし	なし	なし
両生類	あり	あり	あり	なし	なし	なし
霊長類	あり	あり	あり	あり	あり	なし
齧歯類	あり	あり	あり	あり	あり	なし
ワニ類	あり	あり	あり	あり	なし	あり
爬虫類・鳥類	あり	あり	あり	あり	なし	あり

生物学の分類にかける情熱は，これだけですごいもので，その結果も素晴らしいものをもたらしている。

では，分類していくときには，どのような方法を使うのだろうか。方法論としては，表 3-1 のように，両生類とかワニ類とか恐竜とか鳥とかを分けていくとき，お互いに共通しているものは何か，共通していないものは何かと分けていって，分類にいたる条件チェックの表を作り上げていく。例えば，ある種の生物は，ここで示した条件を持っている，持っていない，すなわち，イエスとノーという形で表していって，集合を区分していく方法をとっている。

2004 年にカナダで，ティクターリク（Tiktaalik）という，魚類か両生類か判断に迷う生物の化石がほぼ完全な形で出てきて話題になった。このティクターリクの化石を魚類とするか両生類とするか，すなわち α という集合の条件が 1 からずっとたくさん続いて，それらについて魚類と同じであるか，両生類と同じであるかというチェックを，生物系統学ではどんどん行っていく。次に β という条件について同じことをやっていく。際限なく，条件チェックが続いていく。チェックした結果，これは魚類である，これは両生類であるという分類をしていく。

実は，このティクターリクは，魚のような形ではあるが，ワニのように十分自分を支えるに足る腕力があったことが化石から推測できた。水から陸に上がってきた最初の生物，すなわち，人類の遠い祖先だったことがわかり，大変な話題を呼んだ。詳しくは『ヒトのなかの魚，魚のなかのヒト：最新科学が明らかにする人体進化35億年の旅』（シュービン，2008）が著されているので読んでほしい。

【平和を定義し，比較・分類してみる】

生物学が持っている素晴らしい分類の力，手法についてはコラムにまとめておいた。ここで，平和学でも似たようなことができないかを考えてみたい。実は，1960年代に，石田雄が平和の定義を，文化や時代によって比較分類する作業を行っている。

定義とは何であろうか。「定義」の定義が必要だという，おかしなことになるのだが，私自身は，何らかの実在するものの定義は，「ある種の条件によって作り出された集合」であると考える。社会現象を観察して記録して，それが状態であるのか関係なのか，変化する諸相なのか，そこに着眼することによって定義づけすることができる。

ただし，社会条件をすべて記述することは不可能である。どのような条件がどこで発生して，それが何に影響を及ぼしているかは到底わからない。時間によっても空間によっても認識によってもさまざまな条件が含まれる。そこで，社会科学の場合には，操作的定義を用いる。これは，ある種の条件を設定して，それに当てはまるものだけを定義に含め，当てはまらないものは定義に含めない方法である。そうすることで，比較的，価値中立性を保つことができる。戦争のデータを取るといっても，どこまでが戦争で，どこからが戦争でないのかの定義は難しい。その場合に，こちらでわざわざ操作をして定義をする。例えば，「1,000人以上死者が出なかったものは戦争と呼ばない」「1年以上続かなかったものは戦争ではない」のような定義の方法を操作的定義という。

わざわざ価値を含んだ定義をする方法もある。例えば，われわれ平和学者は一般的に，戦争は，実は回避できるものだという定義，つまり戦争の否定的定義を行う。ところが，戦略家，あるいは，いわゆる現実主義者と呼ばれる学派の人々は，戦争は避けられないものだという戦争の肯定的定義から始める。すなわち，そこでは，すでに，自分自身の価値を含んだ定義が行われている。だからこそ，戦争についての定義は，なかなか厄介なのである。

【時代・文化によって異なる平和の意味】

さあ，ここで，皆さんにアンケートをしてみたい。「次の中から，あなたの平和の定義に最も近いことばを選んでください」としたい。これは番号を選択して回答してもらって構わない。

1. 正義　2. 繁栄　3. 秩序　4. 静穏

このアンケートは，石田雄が『平和の政治学』（石田，1968）の中で行った「時代・文化によって異なる平和の意味」と大変関係深いものである。石田は同書の中で，平和を考える上で重要だと思われる，いくつかの要素を中心として，おおづかみに力点の違いを比較して類型化してみようと試みている。まさに，比較と分類である。そして，これが重要なことだが，それぞれの文化が持っている特徴を強調すると，どのような違いが見いだせるかを深く調べてみようとしたのである。その際に取り上げられたのは，時代も文化も異なる言葉であった。古代ユダヤ教，都市国家時代のギリシア，ローマ帝国，中国・日本，インドの5つの文化・時代を，平和の定義の観点から，比較と分類を行って，その違いを見いだした。では，具体的に，『平和の政治学』で明らかにされたことを紹介しよう。

【それぞれの平和】

古代ユダヤ教では，平和のことを「シャローム」（שָׁלוֹם）と言う。そして，ギリシアでは「エイレーネ」（Εἰρήνη），古代ローマ帝国では「パックス」（Pax）といい，この言葉は今でも平和という意味で使われている。中国では「和平」，日本では「平和」という言葉を取り上げる。そしてインドは「シャンティ」（शान्ति）が，平和の意味で用いられている。こういった5つの言葉を取り上げて，先ほど述べた観点から比較と分類が行われた。

【シャロームとは】

それでは，シャロームという言葉について解説しよう。この言葉は，ヘブライ語で日常の挨拶に使われており，戦争がないという状態だけでなく，幸福，繁栄，安全という意味合いも込められた，ゆったりした大きな言葉である。

これを文献から深く探っていくと，神の意志に基づく正義の実現という意味が込められていることがわかる。これが本質だったわけである。したがって，自然な状態ではなく，自分たちの主体的意志によって作り出すものだと解釈できる。つまり，ある人々の間にシャロームが実現されたという表現は，その人々との契約が成立したことを意味する。もう少し踏み込んで考えてみるとユダヤ教徒になることを意味する。これがシャロームの本質的な意味合い，神の意志に基づく正義の実現である。

したがって，このシャロームは，状態を指すよりは関係を表す言葉だと考えてほしい。契約によって団結することが，神の意志を実現するのに不可欠だからである。それは，もちろん神との話であるから，家族や血縁より優位となる。そこから，次のような解釈が成立する。シャロームは，自然に与えられるものではなく，戦いの中から勝ち取らなければならない。したがって，「戦争のない状態」としての，「戦争の反対概念という意味での平和」ではなく，極端な場合は勝利を意味する戦闘的概念でもある。これは，われわれから見ると驚きを禁じ得ないもので，平和＝戦闘的概念であり，「戦争に勝利すること」がシャロームの本質にはある。アラビア語の “Al-Islam” も語源は同じで，「平和であること。絶対的に帰依すること。神意のために闘うこと」で，これも平和という意味を持っていて，シャロームとほとんど同じ意味合いがある。

【エイレーネとは】

今度は，ギリシア語のエイレーネについて紹介していこう。シャロームが関係を表すとすると，これは，むしろ，秩序とまとまりのある状態を表す。そして，その先に平和が繁栄をもたらすとも考えられた。人類の歴史で最も古い平和論は，古代ギリシアのイソクラテス（Isokratēs, BC436–BC338）によって紀元前355年に書かれた。この中では，民主制が大事である，内政不干渉による防衛同盟をすすめるけれども，防衛戦争と自由のための戦争は否定しないという内容が書かれている。

イソクラテスだけでなく，古代ギリシアでは平和論が議論された形跡が他にもある。ストア派は，「調和と結合の原理として理性が宇宙に内在する。それゆえ，戦争は不合理である」との結論をもたらしている。有名な詩人ヘシオドス（Hēsiodos, BC8C）は，安楽と繁栄と平和の時代から力の支配への移行は堕落であると言っている。アリストファネス（Aristphanēs, BC445–BC385）の『平和』『女の平和』という文献も残されている。これだけ，古代ギリシアでは，平和について盛んに議論が行われた。エイレーネという言葉は，平和があってこそ民主主義的秩序と繁栄とが維持される点が強調されている。

【パックスとは】

次に，古代ローマ帝国におけるパックス（Pax）という言葉について説明しよう。これも平和という意味をもった言葉であり，戦争のない，秩序ある状態を指す。

イギリスによる平和はパックス・ブリタニカ（Pax Britannica）と呼ばれ，この時代は長かった。冷戦期はソ連とアメリカによる平和，すなわち，パックス・ルッソ・アメリカーナ（Pax Russo Americana），そして，日本が成長してきたときに言われた日本による平和は，パックス・ジャポニカ（Pax Japonica）などと称される。こういう形で，現代でもパックスが平和の意味で使われている。その意味合いは，戦争がなく秩序ある状態を示している。ところが，ローマ帝国の歴史を見ればわかるように，しばしば「征服によって実現された戦争のない状態」を意味することがある。

ローマ帝国は，領土を獲得するために征服した民族，あるいは，ローマの市民になりたいと言ってきた民族との間に契約による法的関係を結ぶ。したがって，パックスは，契約による法的関係を意味する傾向が大変強い。パックスは，英語の “pact”（条約）の語源である。では，他の意味は含まれていないのだろうか。代々のローマ皇帝の残した文章などには，このパックスで「静穏」や「静寂」という心の状態を意味しようとして使っている部分もある。精神の平安までも重視されている点で，同じように闘いによって切りとってきた平和を意味するシャロームとは異なる。パックスは，ローマ世界にキリスト教が広まるにつれて，キリスト教的伝統の中に影響を残していったことがうかがえる。

【和平（平和）とは】

日本や中国の平和という言葉は，日ごろ使っていてわかると思うが，「平」も「和」も平らかという意味を持っていて，特に「和」は「ほどよい，穏やか，争わない」という意味が入っている。すると，平和は，争いのないこと，いさかいのないこと，つまり調和のとれた秩序のことをいう場合が多い。平和は，角立った争いのない，調和のとれた状態である。心が静まっていて落ち着いている状態に力点を置いている。これが，東アジアで言う平和という単語の持つ意味である。

【シャンティとは】

インドのサンスクリット語でシャンティは，英語の“peace”に翻訳される。東アジアの儒教に代表される倫理は，非常に現世肯定的な面がある一方，インドの宗教倫理は，現世逃避的だと言われる。ところが，両者とも，平和が心の状態に力点を置くことは似ている。

その意味でシャンティは，政治的な諸条件とは関係のない，心の平和，なにものにも乱されない心の状態を指している。シャンティの特異な点は，純粋にこの部分に焦点が当たっており，例えば，国家政策の道具としての戦争・戦争に至る可能性のある敵対関係（vigraha）のない状態についてはサムディ（samdhi）という，シャンティとは別の概念がある。

ヒンズー教，仏教，ジャイナ教は，インドから出てきた。いろいろ議論はあるかと思うが，比較的，現世逃避的で，政治と離れてひたすら心の平穏を求める一面を持つ宗教でもある。ローマ教会や神聖ローマ帝国のように，何らかの中心があって全体をヒエラルキーのもとに収める傾向はなく，全体にアナーキーで，かつ王権をめぐる戦乱が続いたため，現世逃避的なものが現れたのだと説明されている。また，マハトマ・ガンディー（Mahatma Gandhi, 1869–1948）がヒンズー教の聖典『バガヴァッド・ギーター（Bhagavad-Gita）』に触発されて禁欲と節制を続け，それに裏打ちされた非暴力（“ahinsa”アヒンサー）に基づいて運動を展開したのはよく知られている。シャンティという言葉，心の静

重点がおかれた意味 ＼ 文化	神意 正義	繁栄	秩序	心の静穏
古代ユダヤ教	שָׁלוֹם shalom，シャーローム	שָׁלוֹם shalom，シャーローム		
ギリシャ		ειρηνη eirene，エイレーネ	ειρηνη eirene，エイレーネ	
ローマ			pax	pax
中国（日本）			和平，平和　평화	和平，平和　평화
インド				शान्ति santi シャンティ

図 3-2　石田の分類（石田，1968）

穏に特化しているインド文化の中から，非暴力という言葉が出てきた。これもインド文化の上で，平和を語る重要な要素であると言うことができるだろう。

【石田の分類をまとめてみると】

石田が分析した平和という5つの言葉を大ざっぱに分ければ，次の3類型があると言えるだろう。1つは，正義への積極的指向が，平和という言葉に含まれている形である。次に，秩序だったものを強調している形である。そして，最後に，心的状態，心の平穏を重視している形である。

これを，1つ1つの条件をチェックしながら分ける作業をしてみると，図3-2のようになるのではないだろうか。古代ユダヤ教では神の意志，正義に強調が置かれ，繁栄に足がかかっている。もちろん，秩序にも少し足がかかっている。ギリシアは，秩序を非常に重視して，それがあれば繁栄がやってくると考えた。そして，ローマは秩序を重んじ，いろいろな民族を統合していく上で重要な要素を持っていた。心の静穏も，少し気にかけていた。中国と日本は，心の静穏に重点を置きながらも，やはり秩序を重視する傾向にある。インドのシャンティは，心の静穏をとくに重視していた。

石田が強調しているのは，正義への積極的な指向，秩序の強調，心的状態の重視と，上から下に行くに従って受動性が増す傾向が見られるということである。一番上，正義への積極的な指向は，平和のために戦うことを認める立場で，積極的に戦って，相手と最終的には契約を結んで平和になった，神の意志が実現されたという立場である。一番下は，心の平穏，調和，秩序が大事で，平和のための戦いも認めないという傾向を強くする。ここから言えることは，下に行くに従って，ことを荒立てないことが重視されるために，まま，不正義も認めてしまいがちになるということである。したがって，平和が心的状態を重視することに近づくに従って，社会が少しおかしいと気付きながらも，戦争に至る状況についても黙従してしまい，あらがうことなく，気付いたときには戦争に入ってしまっている傾向，そうしたバックグラウンドを社会に対して持ってしまっている。こういったことを，石田は，その違いから抽出して持ち出したことが読み取れる。地域，時代，文化によって，同じ平和という言葉を取り出してもこれだけ違いがあることをおわかりいただけただろうか。

【教室の中での平和の定義】

本講の議論のポイントは，平和は，時代，文化，地域によって異なるとの理解である。したがって，無理に１人１人が「平和と言えばこれだ」と定義を絞る必要はない。１人１人違ってもいい，そういうものを心の中に持っていることが，むしろ大切ではないだろうか。ところが，学問的には，平和学という学問の中で平和を扱うからには，一致した定義が必要となる。私が講義の中で用いる平和という言葉はこういう意味であると，皆さんが了解している必要がある。これについては，講義が徐々に進んでいく段階で明らかにしていこうと思う。

さて，ここで，平和の定義について，多様性の議論と多義性の例を参考として示したい。以下の表 3-2 は，2007 年から３年間に私の「平和学」を受講した学生さんたちに採った「平和の定義」のアンケートの結果である。平和の定義を皆さんから出していただくと，十人十色，100 人いれば 100 の定義が出てくる。例えば，500 名の人が 500 種類の定義を出したとき，それをどうやって，比較と分類のツールで処理していくのかが重要になる。１つ１つ意味をくみ取

表 3-2　平和の定義（その他を除く。筆者作成）

平和の定義（2007）	人数	%	平和の定義（2008）	人数	%	平和の定義（2009）	人数	%
夜空を見て「きれいだな」と思える状態	22	12.29	あらゆる（戦争）武力抗争がない状態	31	9.69	戦争・暴力のない状態	71	13.92
笑顔のある世界	20	11.17	争いがないこと（広義）	25	7.81	対立・争いのない状態	51	10.00
現実には不可能	17	9.50	安全・安心な暮らしが保障されていること	23	7.19	危険を感じない状態	44	8.63
全ての人が幸せと思える	15	8.38	戦争がなく皆が幸福	16	5.00	心の安定・満足感を得られる状態	35	6.86
心が豊か／穏やかであること	12	6.70	幸せを感じられる状態	16	5.00	幸せを感じる状態	33	6.47
愛する人がいて，最低限の生活がおくれる	9	5.03	皆が笑顔でいられること	15	4.69	多様性の尊重	21	4.12
生き方の選択肢が豊富にあること	7	3.91	相互理解（共存）	13	4.06	人類の恒久的理想	20	3.92
貧困のない世界	6	3.35	心が安定・満たされていること	13	4.06	衣食住を確保できる状態	16	3.14
人間らしく生きられる	5	2.79	相手を思いやること	12	3.75	人権侵害のない状態	14	2.75
基本的人権が平等に与えられる	5	2.79	戦争も貧困もない状態	11	3.44	身心の健康が保てる状態	14	2.75
皆が目標をもち，それに向けて努力すること	4	2.23	暴力のない状態	10	3.13	自由が保障された状態	14	2.75
憎しみのない状態	4	2.23	人間の権利が守られていること	10	3.13	秩序が保たれている状態	13	2.55
人類永遠のテーマ	4	2.23	万人が平等	10	3.13	格差のない状態	13	2.55
ニュースから戦争の話題がない時	4	2.23	秩序が保たれている	9	2.81	調和・均衡状態	11	2.16
極めて曖昧な政治用語	4	2.23	苦しみや悲しみがないこと	7	2.19	貧困のない状態	11	2.16
秩序	3	1.68	普通の生活であること	7	2.19	思いやり・愛に満ちた状態	11	2.16

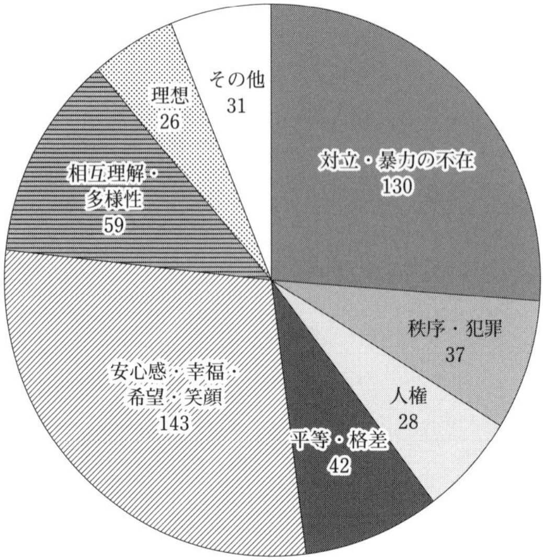

図 3-3　平和の定義（筆者作成。単位：人）

りながら分けていくといった，とても時間のかかる，根気のいる作業もできないわけではない。しかし，ここに出したようにざっくりとした分け方をしてみようということだ。この円グラフ（図 3-3）は，そのアンケート結果を，ある大学院生がまとめてくれたものである。平和とは「対立や暴力の不在である」と挙げた人，「安心感・幸福・希望・笑顔である」という人がたくさんいたことがわかる。表 3-3 は，『平和の政治学』で議論した「正義・繁栄・秩序・静穏」以外の答えを列挙したものである。

【多様な回答をどう処理するか】

　では，これだけ多様な回答が出た場合，いったいどのように結果を処理したらよいのであろうか。前にも述べたが，この科目では，こうした平和学関連の分析の手法にならって物事を考える手法を身につけることを１つの目標にしている。このような場合には，まず，「〜がない」「〜ではない」といった否定的な答えと，「〜である」といった肯定的な答えとにざっくりと分けてみる。そして，否定と肯定の相補的な関係を探してみる。そうすると，大きなカテゴリ

表 3-3　正義・繁栄・秩序・静穏以外の平和歴年データ（筆者作成。単位：人）

自由	46	笑顔	16	衣食住	7
安全	42	理解	16	非暴力	7
安心	40	教育	15	法・法律	7
平穏	33	人権	15	保障	7
平等	29	相互理解	15	寛容	6
愛	28	権利	13	公平	6
幸福	26	共存	12	家族	5
協力	20	健康	12	希望	5
安定	19	尊重	12	公正	5
思いやり	19	均衡	11	自然	5
協調	18	信頼	9	調和	5
満足	18	安寧	7	豊かさ	5

ーにまとまってくる。

「〜がないこと」を使った人は，過剰感を表明していると考えられる。例えば，戦争がないことや人権抑圧のないことが平和であると定義した人などがそれにあてはまる。つまり，世界中は戦争や人権抑圧に満ちているではないかと，戦争や人権抑圧などに過剰を感じているのである。それに対して，「〜があること」，例えば，人権が擁護されていることが平和であると定義した人は，「この世の中は人権が擁護されていない」という不足感を，あるいは，平等が保証されていることが平和であると定義した人は，平等への不足感を表明したことになる。

そして，もう1つ気が付くべきことは，否定的な答えと肯定的な答えの中に，比喩的な表現をしている回答が多いことである。例えば，「平和とは笑顔である」といった答えがあるが，ここには「では，笑顔は何から生まれるか」が述べられていない。「暴力がない」というと笑顔が出てくるかもしれない。しかし，比喩的な表現は，実は，結果の表明にすぎない。

ただ，こうした作業からも大切な発見がある。比喩的な表現が多いか少ないかは，社会状況の反映であることが多い。例えば，受講生の皆さんが，就職が困難な厳しい社会であると認識している時代は，比喩的な表現は少なくなり，はっきりと否定か肯定かで答える傾向がある。しかし，非常にふんわりした時代であると，「平和とは，二度寝しても誰にも怒られないことである」とか「お風呂に入っている状態である」のような比喩的な答えがたくさん出てくる。このように，まず大きなカテゴリーに分類して，その過剰や不足を探ってみるとよい。多様な回答の処理にも方法がある。

【平和に関するアンケートからの思考のドリル】

さて，この講の冒頭で，「正義，繁栄，秩序，静穏の中から，平和の定義に最も近いものを選んでもらう」というアンケートを採ったのを覚えていると思う。この表3–4は，過去の同じアンケートをまとめたものである。受講生の皆さんの答え方は，東アジア的なのだろうか，「静穏」が最も多く，次いで「秩序」が多くなっている。これを分析に使ってみて，何か発見をしてみてほしい。1つのドリルになるだろう。

次の表3–5は，1つの例にすぎないが，自由記述で自分が定義した「平和」に最も近いと考えられるものを石田の4つの中から選んでもらった（①）。そして，自分の選んだものとは違ってかまわないので，このクラスの中で最も多いと予想されるもの（②）と，このクラス内で最も少ないと予想されるもの（③）を選んでもらった。それをグラフにすると，図3–4のようになる。自分が定義したものと，クラス内で最も多いと予想されるものの数が合っていないのが面白いところだと思う。

図3–5は，先ほどの暦年のデータで，正義，繁栄，秩序，静穏と答えた人の数が，年々どのような変化をしているかを示している。これを見ると，「秩序」と答えている人が年々減る傾向にあること，また，「静穏」と答えている人が一度減り，また増えたことが読み取れる。他にも読み取れることがあるだろう。

図3–6は，年度ごとにどれが多いかを比較したものである。このグラフからも発見があるだろう。ここからわかることを書き出してその背景となる理由を自分なりに考えてみると，よい思考のドリルになるかと思う。

【1つの平和との決別】

皆さんが答えた多様な定義は，実は，学問の世界でも認められていることを

表3-4　歴年データ（無回答を除く。筆者作成。単位：%）

	正　義	繁　栄	秩　序	静　穏
2004年	10.8	5.4	16.2	68.4
2005年	2.3	5.2	41.7	50.9
2006年	7.0	8.2	41.8	43.0
2007年	10.0	3.5	36.8	49.8
2008年	9.4	5.9	36.5	48.2
2009年	9.2	6.9	35.0	49.0
2010年	8.7	6.3	28.5	56.5

表3-5　予想される答え（筆者作成。単位：%）

	正　義	繁　栄	秩　序	静　穏	回答なし
①自分が定義した「平和」に最も近いもの	8.93	6.70	34.00	47.64	2.73
②クラス内で最も多いと予想されるもの	14.89	4.22	42.43	32.26	6.20
③クラス内で最も少ないと予想されるもの	29.53	44.17	4.47	9.68	12.15

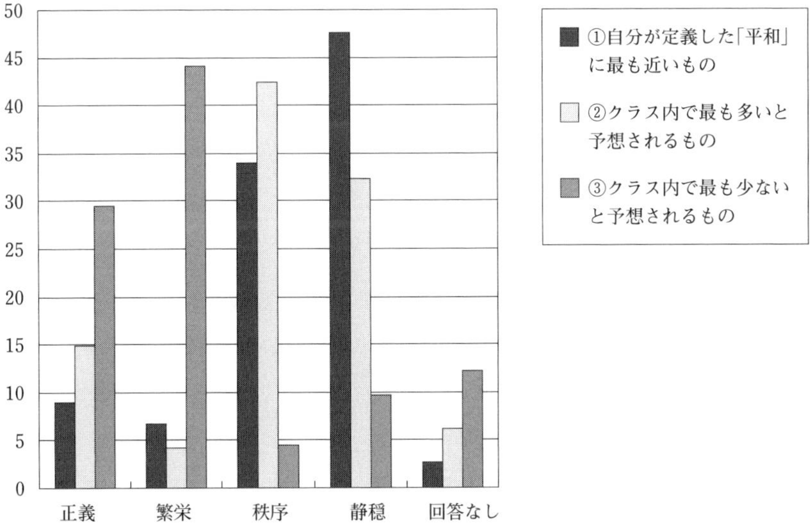

図3-4　予想される答え（筆者作成。単位：%）

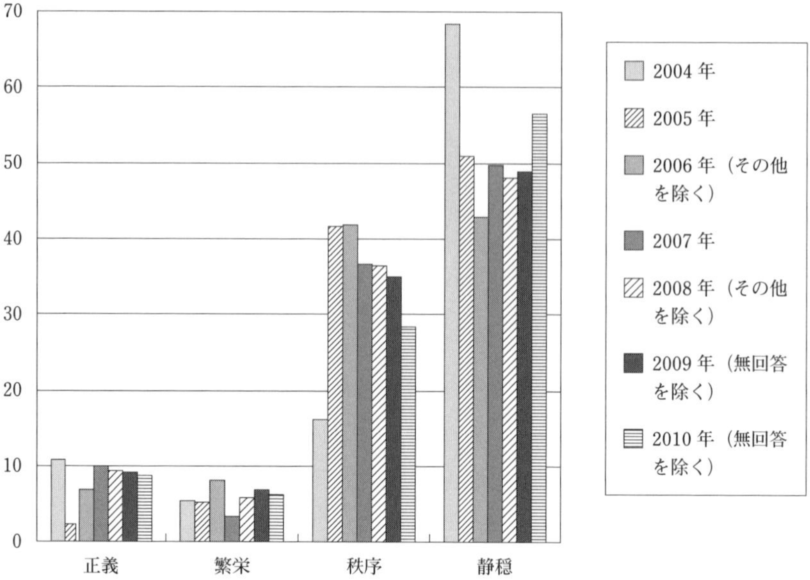

図 3-5　歴年データ（回答ごと。筆者作成。単位：%）

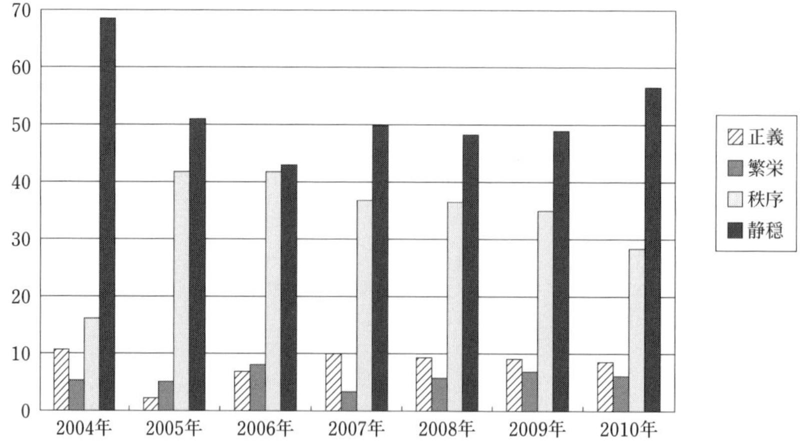

図 3-6　歴年データ（年度ごと。筆者作成。単位：%）

示す参考文献を，ここに挙げておこう。これは，訳は出ていないのだが，学術誌“*Peace Review*”に載ったディートリッヒ（Wolfgang Dietrich）の論文“Farewell to the One Peace”（「1つの平和との決別」とでも訳したらよいだろうか）の一部である（*A Call for Many Peaces* という，ほとんど内容の同じものが手に入る）。その中に，このような部分がある。訳してみると，次のようになるかと思う。

> 資本主義システムの世界への抵抗や，さまざまな形の「平和」というものは否定や妨害をされるべきものではない。というのも，近代の世界の政治で発表されてきた主要な文書に書かれている「1つの世界の1つの（永遠）平和」という考えは，少なくとも，この考えを共有できない人びとに対する純然たる知的暴力に他ならないからだ。

彼は，「平和は1つである」という考えを，そうではないと考える人たちに押し付けるのは，知的な暴力であると警告している。

> なぜなら，それは，このこと1つとっても「平等ではないこと」を隠蔽するために人びとの前に示された考えにすぎないからである。したがって，世界は，自らを律しうる明確な社会や共同体のために，より多くの「平和」を必要としている。

例えば，誰かが，世界に経済格差があるままなのに，「今のこの状態が平和である」と定めてしまい，それを皆に押し付けようとしたら，「この社会は平等ではないこと」を隠ぺいしてしまうことになる。だから，1つ1つの共同体が自立して，自分たちのことは自分たちで決める，すなわち，共同体ごとに平和があってよいのだと述べている。

> 多様な「平和」は，その意味がすべての者に理解された時，相互に両立し得ないものとなるのではなく，すべての者がそれぞれに平和に生きるならば，すなわち，他者を己の一族同様に遇するならば，互いに理解できなく

> とも尊重しあえる。だからこそ，自分自身の場を探し求め，それに従って行動しよう。多様な平和について語ろうではないか。

平和の意味が，共同体ごとに異なってしまったとき，それは並立しないのではなく，それが互いに理解し合えるものならばそれでよいのだと，ここでは述べられている。むしろ，その方が重要であり，相手の言う平和を理解し尊重することこそが平和である。この論文では，多様な平和について，みんなで語り合おうではないかと述べられている。つまり，皆さんがアンケートで多様な答えを出したことは構わないのだと学問的に裏打ちされているのである。

「社会科学における定義」とは，畏れ多いもので，百科事典や何かの教科書からとってこなければならないものだとは考えないでほしい。学問的に絞られた定義を産み出すことは，たしかに困難であり，正確さが求められる。しかし，定義とは，集合論の実践にすぎない。例えば，「A である」という集合と「A ではない」という集合があって，そのうち「A ではない」という集合を捨てていくということにすぎない。社会科学的な発想，定義についても，ものを見るたびに，この定義は何であろうかと考える練習をしていってほしい。そのようなドリルを通じて定義に慣れ親しむことで，平和学における平和，戦争，紛争などの定義を理解しやすくすることが可能となるであろう。

第2部

現代型平和学の発達とパラダイムチェンジ

第4講
現代型平和学以前の平和学

平和学は，もともとは戦争を予防する，あるいは，戦争がどこかで始まってしまったら，その拡大を防ぎ，一刻も早くその戦争を終わらせる方法を研究する学問として出発した。その平和学については，「現代型平和学」と「それ以前のもの」とに分ける考え方が一般的である。現代型平和学が登場する前に，現在の平和学が扱っている問題を，実際に学者や研究者，政治家が扱わなかったかと言われると，そうではない。その歴史をたどると大変古い時代からある。例えば，イマヌエル・カント（Immanuel Kant, 1724–1804）の『永遠平和のために』（カント，1985）は，本格的な科学的研究として戦争の問題を扱っている。あるいは，昔から幸福論の研究は，その時々の福祉とか紛争解決，心の問題を議論してきている。不平等論は，多くの経済学者や哲学者も扱っているが，格差や差別といった問題につながる。昔から，詩人や哲学者，自然派・田園派といった人々は，現代に置き換えると，ちょうど環境論に当たる問題群を考えてきてもいる。このように，平和学が扱う問題は，すでに多くの学問分野で議論されてきたことでもあり，これらを扱うのは平和学が初めてのことではない。

【戦争防止の学問としての出発】

平和学は，国際社会の歴史とともに誕生している。主権国家からなる社会の誕生，すなわち，ウェストファリア条約以来，世界は「国際社会」となった。その時代は，国家を重視する時代であった。この時代には，「平和」の「学」は出にくいという状況が続いてきた。なぜならば，国家重視の時代には，国益が最優先されるからである。そのため，例えば，日本は明治維新以降，富国強兵政策をとった。帝国主義の時代には，植民地の争奪が世界中を舞台に行われた。そういった場面では，いかにして平和を保つかよりも，いかにして戦争に勝つかが国家にとって至上命題であった。同時に，暴動，動乱，内乱，革命といった国内で起こる問題は，国際干渉がない限り，「統治論」として「平和」の「学」からは除かれることが続いた。

そして，植民地獲得，戦争・軍事的威圧による他民族の抑圧・併合が，大国・強国によって頻繁に行われた。では，何がこの国際社会，国際政治の場でものをいうのかと言うと，軍事力ではないかということに帰結してしまう。戦争が，自国の利益のための手段として，合法化されていた時代である。そのため，戦争に勝利するための軍事研究，世界制覇のための戦略学，植民地経営のための学問などが社会的要請として存在し，それが華やかに展開されていた。それゆえ，平和それ自体の実現のための専門的研究は実際には必要がなかった。それらは，あくまで，戦争・戦略研究に対する副次的なものでしかなかった。つまり，ここで戦争になったらわが国は負けるとか，何とか戦争にならない状態を引き延ばすことはできないかとか，その程度の副次的な研究に終始してしまったのである。

【第1次世界大戦のもたらしたもの】

このような状況が，第1講で学んだ国際関係論の進展とともに，少し違う方向に進んでいく。1914年に勃発した第1次世界大戦以後，学問の1つの領域として平和の研究が本格的に開始されるのである。1924年に，チェコスロバキアのプラハ大学に平和学の講義が開講された記録が最初のものとして残っている。これは，第1次世界大戦が1,000万人以上の戦死者を生み出してしまったことに関係する。しかも，第1次世界大戦は，前線と銃後の区別がなく，戦闘員でなくとも殺された総力戦であった。このような未曽有の戦争を，人類は体験してしまった。その反省から，戦争に勝つ方法よりも，戦争を防ぐ仕組みの方が大事なのではないかと人類は自覚し始めた。ここに戦争を防ぐ仕組みの研究として，国際組織論が誕生する。

現実としては，1920 年に国際連盟という，初めての全世界的な国際社会の組織が成立する。それは，ベルサイユ条約がもたらしたベルサイユ体制と呼ばれた。これらは，国際組織論の中で研究されることになる。そして，戦争原因の究明が，外交史の中で展開されていく。一方，いかにして勝つかを主眼とする戦略論・地政学（geopolitics）も引き続き行われていくことになる。

ここに，大戦間期の参考文献を挙げておこう。こうした参考文献を読んでみることも必要だと思う。制度論，組織論については，トーマス・ウッドロウ・ウィルソン（Thomas Woodrow Wilson, 1856–1924）の「14 カ条の平和原則」（Fourteen Points）を 1 条から 14 条まで読んでみるとよいだろう。どのように組織を実現したかは，ベルサイユ条約の中の国際連盟規約を読んでみるとおもしろい発見があるのではないだろうか。外交史については，代表的なものとして，歴史学者 E. H. カー（Edward Hallett Carr, 1892–1982）の『両大戦間における国際関係史』（カー，1959）と『危機の二十年：1919–1939』（カー，2011）がある。さらに，戦略論・地政学についてもたくさん出版されているので，図書館で探してみてほしい。

【第 2 次世界大戦のもたらしたもの】

こうした制度論・組織論に基づく平和学の試みは，現実には失敗した。つまり，国際連盟があるのに第 2 次世界大戦が起きてしまったのである。この第 2 次世界大戦は，第 1 次世界大戦をはるかに上回る大きな惨禍を人類に与え，最後には核兵器まで登場してしまう事態に陥った。そこで，法学や政治学や経済学などの学際的な分野の研究者たちが知恵を絞り，さまざまな立場の人たちの知恵が結集されて，1945 年に国際連合ができあがった。ところが，その国際連合も，いまだに，理想通りに，あるいは予想した通りに機能しているとは言い難い。したがって，戦争をどうしたら予防できるのか，どうしたら規模を縮小しうるのか，どうしたら早く終わらせることができるのかという研究が重要

表 4-1　14 カ条の平和原則（アメリカンセンター Japan, n.d.）

Ⅰ　開かれた形で到達した開かれた平和の盟約。その締結後は，いかなる種類の秘密の国際的合意もあってはならず，外交は常に率直に国民の目の届くところで進められるものとする。

Ⅱ　平時も戦時も同様だが，領海外の海洋上の航行の絶対的な自由。ただし，国際的盟約の執行のための国際行動を理由として，海洋が全面的または部分的に閉鎖される場合は例外とする。

Ⅲ　和平に同意し，その維持に参加するすべての諸国間における，すべての経済障壁の可能な限りの除去と貿易条件の平等性の確立。

Ⅳ　国家の軍備を，国内の安全を保障するに足る最低限の段階まで縮小することで，適切な保証を相互に交換。

Ⅴ　植民地に関するすべての請求の，自由で柔軟，かつ絶対的に公平な調整。その際には，主権に関するそうしたすべての問題の決着に当たっては，当事者である住民の利害が，法的権利の決定を待つ政府の正当な請求と同等の重みを持たされなければならない，という原則に基づくものとする。

Ⅵ　すべてのロシア領土からの撤退と，ロシアに影響を及ぼすあらゆる問題の解決。それは，ロシアに対して自らの政治的発展と国家政策を独自に決めるための，制約と障害のない機会を得させるために，世界各国の最良かつ最も自由な協力を確保し，またロシアが自ら選んだ制度の下で，自由な諸国の社会に真摯に迎えられることを保証するだろう。また歓迎にとどまらず，ロシアが必要とし希望するあらゆる援助の提供も保証するだろう。今後何カ月かの間に，ロシアに対して姉妹諸国が支える待遇は，それら諸国の善意と，彼ら自身の利益と切り離してロシアが必要としているものへの理解と，彼らの知的で，しかも利己主義を排した同情心の試金石となるだろう。

Ⅶ　ベルギーが他の自由諸国と同様に享受している主権を制限しようとする試みがあってはならない。ベルギーから撤退し，同国を復興させなければならない。このことについては，全世界が同意してくれるはずである。各国が相互の関係を管理するために自ら設定し決定した法律に対する信頼を回復する上で，これほど貢献する措置はないだろう。この治癒的行為がなければ，国際法全体の構造と正当性は永久に損なわれる。

Ⅷ　フランスの全領土が解放され，侵略された部分は回復されるべきである。また，1871 年にアルザス・ロレーヌ地方に関してプロシアがフランスに対して行った不法行為は，50 年近くも世界の平和を乱してきたのである。全員の利益のためにもう一度平和が確保されるために，この不正行為は正されるべきである。

Ⅸ　イタリア国境の再調整は，明確に認識できる民族の境界線に沿って行われるべきである。

Ⅹ　われわれは，オーストリア・ハンガリー国民の諸国間における地位が保護され確保されることを望む。彼らには，自治的発展の最も自由な機会が与えられるべきである。

Ⅺ　ルーマニア，セルビア，モンテネグロからの撤退が行われるべきである。占領された領土が回復され，セルビアは海への自由かつ安全な交通路を与えられ，いくつかのバルカン諸国間の相互の関係が，忠誠心と民族性という歴史的に確立された方針に沿って，友好的な協議により決定され，またいくつかのバルカン諸国の政治的，経済的な独立と領土保全に関する国際的な保証が結ばれるべきである。

Ⅻ　現在のオスマン帝国のトルコ人居住区域は確実な主権を保証されるべきだが，いまトルコ人の支配下にある他の諸民族は，確実な生命の安全と自立的発展のための絶対的に邪魔されることのない機会を保証されるべきである。そしてダーダネルス海峡は，国際的保証の下で，すべての諸国の船舶と通商に自由な通路として恒久的に開かれるべきである。

XIII　独立したポーランド国家が樹立されるべきである。そこには議論の余地なくポーランド人である人々の居住する領土が含まれ，彼らは海への自由で安全な交通路を保証され，政治的，経済的な独立と領土保全が国際的盟約によって保証されるべきである。

XIV　大国にも小国にも等しく，政治的独立と領土保全の相互保証を与えることを目的とする具体的な盟約の下に，諸国の全般的な連携が結成されなければならない。

なテーマとして学問の世界で成り立つのである。

例えば，医学には臨床研究がある。基礎研究に対して臨床研究は，患者あるいは患者の病気を実地に診察することから出発していく。それと同じように，この平和学の分野でも，外交史，あるいは国際政治学，国際関係論の方法論を駆使しながら，臨床研究として，できるだけ詳しく正確に「どうして戦争になったのか」を書き記していくことが必要になる。そして，このような臨床的な分析を進める間に，もし，現実に戦争が起きてしまったら，その戦争の因果関係を読み解き，現実を修正していくことを考えていかねばならない。

皆さんも不思議に思うかもしれないが，初期の平和学の基礎の一部分をなしたのは，実は，数量的な統計などを使う計量研究であった。例えば，200～300年にわたる戦争すべてのデータを集めて，その中から読み取れるものを発見して，今後の戦争の研究に生かしていくのである。もう1つ，その基礎をなしたのは，規範論としての制度論である。規範などというと何か難しいことを言っているように聞こえるかもしれないが，規範論は，「かくあるべきだ」という理想の姿を自分たちで考えることである。「戦争のない社会を作るべきだ」，「戦争のない国際社会であるべきだ」のような考えが規範になる。そのためには，どういう制度が国際社会には必要なのかを考える。これが，規範論としての制度論である。例えば，国際公法の1つの分野として国際機構論がある。国際連合などのような，さまざまな国際組織を法律的に研究していく。それも，「かくあるべきだ」という規範性をもって，その角度から研究を重ねていく。これらを出発点として，国際機構論だけではなく，「こうでなければならない」というように，国家間の関係のあり方を規範的に研究していく。それが国際公法の分野である。

このような学術的領域や方法論のことを，「ディシプリン（discipline）」と呼ぶ。さまざまなディシプリンを総合することから，平和学は出発している。その研究目的は，戦争に焦点が当たっており，第1次世界大戦，第2次世界大戦のような大きな悲劇を人類が経験したことに，そもそもの発端がある。

【初期の平和学の成果としての紛争の一般理論化】

では，このような現実に対して，初期の平和学はどのような貢献をなしてきたのだろうか。先ほどから何度も述べてきたように，あの第1次世界大戦，第2次世界大戦のような，とてつもない惨禍を引き起こす戦争を二度と起こさないことを誓って，人類は国際連盟，国際連合を設立した。これと同時に，出自は同じと考えてよいと思うが，平和学という学問も誕生した。そもそも，国際連盟，国際連合という集団安全保障機構ができたこと自体も，その背景には，もちろん政治的な力学が働いていたが，外交史や国際公法の蓄積がなしえたことの1つなのである。

そして，初期の平和学は，軍拡競争が，敵対する2国間同士，あるいは敵対する2つの同盟同士のようなメカニズムの中で発生することの解明にも大きな成果を上げている。後のリチャードソンのところで詳述するように，平和学は勢力均衡論の誤りも立証した。国際関係論の中では，敵対する2国間で同じだけの兵力を積み上げていけば，互いに戦争に勝つ見込みはなく，引き分けに終わるのがせいぜいであり，「勢力が均衡しているからどこも戦争を始めない」と長く信じられてきた。いまだに，これをもって是としている人がいる。ところが，これはメカニズム的にも，実証的にも誤っていることを初期の平和学は明らかにした。これと同様のメカニズムを使いながら，平和学は核抑止論に対する批判的立場をずっととり続けている。具体的には，「核兵器は早く全廃すべきだ」と主張しているのである。

戦争のような大規模なものだけではなくて，さまざまな場面で「紛争」は起こる。社会のさまざまな場面，あるいは家庭内でも小さな紛争は起こりうる。そのような紛争の分析や解決について，あらゆる領域で適応できる一般理論（グランドセオリー）に事象群を昇華する貢献も，平和学はなしえている。例えば，数学的な観点から，紛争がらせん状（スパイラル）にどんどん進んでいる過程を解明したのである。

私は，「武力の伴わない紛争はあってもよい」と考える（狭義に囲い込むと，戦争，紛争，論争，競争の概念の区別はあるが，ここでは広義の「紛争」）。紛争が起きるのは何か解決しなければならない問題があるからに他ならない。それが，例えば，物理的暴力を伴った紛争になった場合は困るが，言論による話し合いであればよいのではないだろうか。私自身は，紛争はあった方が社会は進化するだろうとの考え方をとっている。その立場から考えても，この「紛争の一般理論化」について，平和学は成果を上げてきていると言えよう。

【軍産複合体の分析】

人類の誰ひとりとして，あんなひどい戦争が起こることを望んでいないのに，どうして戦争の悲劇が起こってしまうのだろうかという疑問から出発して，実は「軍備拡張競争や戦争自体から利益を得る集団が存在すること」も平和学の成果としてわかってきている。これを公の立場で，世界に向かって最初に言ったのが，アメリカのドワイト・D・アイゼンハワー大統領（Dwight D. Eisenhower, 1890–1969）である。彼は，ジョン・F・ケネディ（John F. Kennedy, 1917–1963）の前の大統領で，その在任中は，世界を平和に導くとか，安全に導くとかいった芳しい政治的成果を上げることはなかった。しかし，退任するときの演説で，アメリカの状態を「軍産複合体」（military-industrial complex）という言葉で表して，世界中に投げかけたのである。大変極端な言い方ではあるが，「ある意味，無能な大統領が，最後に一番よいことを言った」と書いている人もいる。アメリカの社会の中には，軍産複合体という集団ができあがっていて，これを放置していくと世界は大変なことになると退任するときに指摘したのだ。

つまり，軍部と軍事産業に従事している人々が１つの複合体を作り上げて，アメリカを支配しようとしている。戦争があろうがなかろうが，軍備はどんどん拡張していく。そして，それが，また戦争の危険の呼び水となる。あるいは，戦争に備えて蓄えた軍備を消費しなければ，その軍事産業は成り立っていかないので，戦争が起こると大喜びでどんどん兵器を造り続ける。しかも，そこには，当時から400～500万の労働者が働いている。その産業がなくなったら，一気に失業者が出てくる。アイゼンハワーはその退任演説で，これは大変怖いことなのだと述べたのである。

この軍産複合体についても，初期の平和学が，その後，大きな研究成果を出している。現在では，「軍・産・官・学・労・情・民の複合体」と名付けることもできるだろう。「軍」「産」は，軍部と軍事産業，「官」は官僚の中でここから利益を得る人々，それから「学」が大学や研究機関の研究者である。平和学者の間でよく冗談で言うのだが，「平和」は金にならない。「戦略研究」，「戦争研究」であるとか，「兵器の研究」などにはちょっと想像もつかないような膨大な資金が研究所や研究者に渡される。ところが，ひがんで言うわけではないが，平和を研究しているなどと言っても，なかなか研究資金が付きにくい。次の「労」は，そういう軍事産業で働いている労働者，これも自分たちの仕事を是認して，それがなくなってしまったら，自分たちの生活が窮地に追い込まれることになる。次の「情」は，こうした業界からお金が流れていって成り立っている情報産業，テレビ業界などである。例えば今，日本の新聞を見ると，購読料だけでできているとはとうてい考えられない。2ページぶち抜きの広告などからたくさん収入を得ている。そういう広告主たちに気を遣うのは理の当然であると言わざるをえない。そして，そのような世論操作にうっかり乗っかってしまって，「それは当然であろう」と納得してしまっている「民」，すなわち，私たち市民がその論調を是認してしまう。

こういったものが，目に見えない複合体，「軍・産・官・学・労・情・民の複合体」を組んで，なかなか世界から，核兵器が一挙になくなるとか，通常兵器の中のとんでもない兵器がなくなるとか，戦争自体がこの世の中からなくなっていくことをできにくくしている現状がある。初期の平和学は，こうした戦争に関連した部分で，そのような現実に言葉を与え，ある種の成果を上げてきたと言うことができる。

第5講
紛争の科学的分析の登場

いよいよ，現代型平和学の源流に迫ってみよう。現代型平和学がどうやって立ち上がってきたのか，そのさきがけとなった研究者を取り上げて見てみたい。現代型平和学とは，それまでの平和学とどこが異なるのであろうか。現代型平和学は，それまでの哲学的思索，あるいは戦争の歴史学的叙述，倫理的反対論・否定論ではなく，戦争に対して，科学的分析のメスを入れて，その原因やメカニズムを明らかにし，戦争の勃発を防ぐ研究である。戦争自体を１つの社会現象としてとらえ，それがどのようなメカニズムで起きてくるのかを科学的見地から明らかにする。その上で，戦争勃発を防ぐために，その勃発の要素を取り除いていく方法論を考える。先駆者たちは，そうすれば，戦争が起きるのを防ぐことができるのではないかと考えたのである。

【紛争の科学的分析の開祖リチャードソン】

今までの組織論，法に基づく平和学だけではだめだ，あるいは，記述的に分析していって警告することもなかなか効果が出てこないと考えた人々の中から，平和の「学」として，戦争を科学的に究明する実証的平和学が誕生した。戦争について大きな統計を利用して，帰納的に結論を導き出す研究である。そこには，10歳くらいの年の差で，ほぼ同時代の2人の，戦争の統計学の先駆者たちがいる。1人はルイス・F・リチャードソン（Lewis F. Richardson, 1881–1953），もう1人はクインシー・ライト（Quincy Wright, 1890–1970）である。

図5-1の書籍は，リチャードソンの社会科学における金字塔について，オスロ平和研究所のニルス・グレディッチュらが著したものである。表紙の写真がリチャードソンである。

では，リチャードソンの弟子であるオリバー・アッシュフォードによる伝記（“Prophet-or Professor? *The Life and Work of Lewis Fry Richardson*” Ashford, 1985）とグレディッチュの書籍の付録にある年表などを参考にしながら，リチャードソンの平和学への思いがどのように育まれていったのかを見ていこう。リチャードソンは，1881年，イギリスのニューカッスル・アポン・タインで7人兄弟の末子として生まれた。リチャードソンの一家は，敬虔なクエーカー教徒であった。これは非常に大きな意味を持っている。クエーカーというのは正式な名称ではなく，神からの啓示を授かったときに震えるという言い伝えから，ある判事が「震える人（Quaker）」という呼び方をしたのが一般的な呼称になって残ったものである。彼ら自身は，ジョージ・フォックス（George Fox, 1624-1691）によって設立された「キリスト友会（Religious Society of Friends）」の「友会徒（the Friends）」と自称していた。この団体の信徒は，現在，全世界で約60万人，北米に約12万人，英国に約4万人いると推定されている。特にアメリカのペンシルバニア州は，クエーカー教徒によって設立されたと言われていて，多くの教徒が住んでいる。日本の普連土学園の普連土も，実はこの「フレンド」である。

このクエーカー教徒の大きな特徴は，「証言」と呼ばれる教義にある。主な証言は平等，質素な暮らし，平和，誠実の4点である。これらの教義は，当時は非常に時代先取り的であった。例えば，平等の証言から，女性の社会的地位

図 5-1　リチャードソン（Gleditsch, 2019）

の向上や奴隷制度の廃止に尽力し，さらに，人権が侵害されていた囚人や精神疾患を患った人々にも平等な扱いをしようという運動を始めたのも，彼らクエーカー教徒たちである。また，質素さを重視し，自分の生活に必要以上のものを所有しないことを教義としている。現代になって環境問題や生態系の問題が出てきたときに，彼らは非常に大きな貢献をなしている。平和主義（pacifism）は，クエーカー教徒の特質として最もよく知られている。彼らは，暴力は常に誤りであるとの信念を持っている。そこで，周りの人々も，彼らがクエーカー教徒であることをもって良心的兵役拒否，つまり戦争になったとき，彼らの教義が自分の良心に基づいて兵役を拒否する場合の正当な理由として認めてきた。こうしたさまざまな活動が認められ，1947 年，クエーカー教徒に対しノーベル平和賞が授与され，アメリカフレンズ奉仕団とイギリスのフレンズ協議会が代表して賞を受け取っている。

さて，リチャードソンは，ニューカッスルのプレパラトリー・スクールに入学し，当時はユークリッド幾何学を最も好んだと言われている。そして 12 歳になったときに，ヨークにあるブーザムという裕福なクエーカー教徒の寄宿学校に入学する。このブーザムで受けた教育が，多くの人々が認めているように，リチャードソンの生涯を決定づけたと言われている。当時，ブーザムの寄宿学校の校長であったエドモンド・クラーク（Edmund Clark）は気象学の専門家で，リチャードソンを科学の道に導いた人物である。他方，両親から敬虔なクエーカー教徒として教えを受けてきた信念と高い倫理観と平和主義が，ここでの教育で再度，強化されたとも言われている。「科学はモラルの僕《しもべ》たるべし（“Science ought to be subordinate to morals.”）」という信念を，この学校で肝に銘じ，身につけて卒業したのである。

この経験はリチャードソンにとって，科学者の態度を形成する上で大変重要なことであった。他の科学者も同様にこのような信念を持っている。例えば，アルフレッド・ノーベル（Alfred B. Nobel, 1833–1896）は，ダイナマイトを発明して巨額の富を得，その遺産でノーベル賞が運営されている。また，アインシュタインは，原子爆弾，核兵器につながる相対性理論を生み出した科学者として，戦後，哲学者のバートランド・ラッセルと共同でラッセル・アインシュタイン宣言という平和宣言を出した（第11講を参照）。もともと，リチャードソンは，科学をやる以上，それは倫理や道徳の僕であり，倫理や道徳が許さないことはやってはならないと，身体にたたき込まれて科学の道に進んだのである。

その後，1898年に，彼はダーラム大学に入学し，数学，物理学，化学，動物学，植物学を学んだ。2年間，ここで学び，1900年にケンブリッジ大学キングスカレッジの奨学金を獲得して入学する。ケンブリッジにはおもしろいシステムがあり，優秀な学生が自然科学専攻コース（Natural Science Tripos）の試験に受かると，自然科学全体を広く網羅するコースをとることができる。彼もこの試験に受かり，しかも，優秀な成績で卒業する。彼の学歴はこれにとどまらず，卒業後，いくつかの職を経験した後に，47歳でロンドン大学に入学して心理学の学位を得る。このような多彩な学歴のバックグラウンドを持つことは，平和学者としては大変重要なことで，後述するラパポート（Anatol Rapoport, 1911–2007）やガルトゥングら他の平和学の開祖たちも同様に多彩な経歴を有している。

彼の職歴も，この多彩な学歴をそのまま反映している。ケンブリッジを卒業後，国立物理学実験所に入り，その後，アベリストウィスという，当時，ウェールズ大学の1つのカレッジだったスクールで教鞭をとる。ここは，くしくも，

1919年に世界で初めて国際関係論の科目が設置された大学である（第1講を参照)。その後，自然泥炭工業では，化学者として実験室を受け持つ。また国立物理学実験所に戻った後，私企業で物理学と化学の支配人として仕事をし，マンチェスターカレッジで教鞭をとり，今度はなんとイギリス気象局のエスクデールミュア測候所の所長となる。この時に第1次世界大戦が起こる。キリスト友会の救急部隊への参加が終わると，また気象局に戻り，ウェストミンスターのカレッジで物理化学の研究科長，その後，イギリスの王立科学アカデミーの会員に選出され，ペイズリーテクニカルカレッジで校長まで務めた。

こうした経歴をまとめてみるとわかるように，リチャードソンは自然科学系に関する幅広い学問をマスターし，職業も同様に幅広い分野で活躍した。彼が研究者として紹介されるときは，数学者，気象学者，心理学者，化学者，物理学者として紹介されることもある。

彼の人柄は，第1次世界大戦中，測候所勤務をしていた時，良心的兵役拒否を申し出たことからもうかがえる。この兵役拒否は，当時のイギリスではアカデミックな職業に就けないことを意味する。そこで，彼はフランスに渡り，パリのキリスト友会の救急車の運転士となる。これだけ教育のバックグラウンドのある人が，戦争には加担しないとの信念に従って，3年間，北フランスを中心に救急車を運転していた。そして，1919年，気象局に復職し，そのベンソンという場所のオフィスがイギリス空軍の施設として吸収されることになった時，自分は軍隊に協力はしないと潔く退職する。このようにリチャードソンは，自分の信念に基づいて，戦争には絶対に加担しないと，平和主義を貫く研究者だった。彼とともに研究をしたトーマス・ケルナー（Thomas Körner）が述べていることには，リチャードソンによる気象学上の発見が，化学兵器設計者にとって，とても価値のあるものであることがわかったときに，リチャードソンは，彼のこの分野でのすべての業績を捨て去り，未発表であった重要な発見をすべて廃棄してしまったと言う。これだけ徹底していたのである。今でも，軍事技術に協力する研究者は，世界中で何十万，何百万人いると言われている。それは理学部や工学部だけでなく医学部などにもいる。それと全く反対の道を行ったのが，このリチャードソンだったことが，彼の生涯を見るとわかるだろう。

【研究者としてのリチャードソン】

研究者としてのリチャードソンは，どの分野でも一流の研究者だった。彼は気象学に興味を持ち，微分方程式を離散化して数値的に解くという現在の天気予報の原型ともいえる数値予報システムを提案した。当時は性能のよいコンピューターはないので，大戦中に集めたデータを用いて，すべて手計算で行ったために，わずか6時間の予報に6週間かかり，しかも数値の処理に問題があったため，予報自体は失敗に終わってしまった。しかし，彼は，その著書『数値的手法による天気予報（*Weather Prediction by Numerical Process*）』（Richardson, 2007）の中で，64,000人の計算者を巨大なホールに集めて指揮者の下で整然と計算を行えば，実際の天候の変化と同じくらいの速さで予報が行えると書いている。これはとても実現できないことだったため，この構想は「リチャードソンの夢」と呼ばれた。イギリスのBBCがこれについての短いニュースビデオ「天気予報を発明した男，ルイス・リチャードソン」を公開している。興味のある人は見てほしい（http://www.bbc.com/news/uk-scotland-south-scotland-23242953）。

また，リチャードソンは，乱気流に関する研究の分野でも有名である。彼の名にちなんだ乱流に関する無次元数（dimensionless parameter）である「リチャードソン数（Richardson Number）」が現在でも残っている。

彼は先ほどの『数値的手法による天気予報』の中で，

> Big whirls have little whirls that feed on their velocity, and little whirls have lesser whirls and so on to viscosity.

といった韻を踏んだ文章を残している。これは，

> Great fleas have little fleas upon their backs to bite ‘em, and little fleas have lesser fleas, and so ad infinitum.（De Morgan, 1915）

をもじったもので，「大きなノミの背中には小さなノミが乗っていて，その背中を噛んでいる。そして，その小さなノミの背中にはもっと小さなノミが乗っ

ていて，同じことが永遠に繰り返されている」と言っている。大きな渦巻の中には小さな渦巻があって，それがその大きな渦巻の速度を増すのに役立っている。小さな渦巻の中には，さらに小さな小さな渦巻があって，同じことをしていて，小さな渦巻の速度を増すことに役立っている。速度がバラバラな渦巻の中の一定の速度を保つことに，小さな，そして小さな小さな渦巻が役立っているということを言っている。このように，彼は乱気流の研究で著名な研究者でもあった。

それから，リチャードソンは，戦争の原因を調査している時，接した2カ国の国境線の長さがそれぞれの国の発表で大きく食い違うことに気づいた。そこで，測定される「単位」が測定結果にどのような影響を与えるかを統計的に推測した。彼の研究は1967年のブノワ・マンデルブロ（Benoit Mandelbrot）の論文「イギリスの海岸線の長さはどのくらいか（How Long Is the Coast of Britain? Statistical Self-Similarity and Fractional Dimension)」(*Science*, Vol. 156, Issue 3775, May 5, 1967, pp. 636–638）に引用され，数学分野では，フラクタル（自己相似性）の先駆的な研究のひとつとして認められている。また，これは余談だが，1912年にタイタニック号が沈没した1カ月後に，この事件に触発されて，音波探知機の特許をイギリスの特許庁に申し出た記録が残っている。発明家でもあったのである。このように，リチャードソンは，その生涯を平和主義で貫き，さまざまな分野で活躍し，彼が発見した数学的な事実，気象学的な事実，あるいは地球物理学的な知見を平和学に注ぎ込んでいったのである。

【リチャードソン方程式】

それでは，いよいよ，リチャードソンの戦争の研究について見ていこう。リチャードソンの平和学に関する著作のうち，“*Arms and Insecurity*” と “*Statistics of Deadly Quarrels*” の2冊が，戦争の研究として大変著名である。前者は『軍備と非安全』と訳せるだろうか。この「非安全」の部分が非常に大きな意味を持っている。通常であれば，軍備が安全保障につながる意味で，“Arms and Security”（軍備と安全保障）とタイトル化するところだと思うが，軍備を積み重ねるとかえって安全保障が損なわれる，すなわち，「非安全（Insecurity)」になると示している。後者は，『死に至るような争いに関する統計』と訳せるだろう。

『軍備と非安全』には，リチャードソン方程式（Richardson Formula），あるいは，リチャードソン・プロセスと呼ばれる「戦争の数学的解析」が出てくる。この連立微分方程式によって，リチャードソンは，平和学の開祖の1人と言われている。専門の気象学で得た統計的手法をもとに，相対立して軍備拡張競争を展開する2国あるいは2陣営の軍備を，数学的に定式化しようと試みた。

リチャードソンが発見したことは，軍備の増大する割合は，相手国の軍備と相手国に対して抱く不安に比例し，すでに自国が有する軍備と予算の制約に反比例し，国民の相手国への敵意がこれに影響を与えるとするもので，非常に簡潔な2国間の軍備に関する連立微分方程式で表されている。この方程式から，特定の軍備拡張競争を展開する2国ないしは2陣営（同盟）関係が安定か不安定か，戦争に至るか至らないかという結論が得られる。実際に，第1次世界大戦の4，5年前にあてはめて計算していくと見事にその結果が出てくる。リチャードソンは，膨大な統計から，戦争の原因に関する統計的な分析まで行った。彼が考慮した要素には，経済，言語，宗教といった要因まで含まれていた。

$$\frac{dx}{dt} = ky - \alpha x + g$$
$$\frac{dy}{dt} = lx - \beta y + h$$

これがリチャードソン方程式と呼ばれるものである。仮に，A国とB国が軍事的に対峙しているとしよう。そうすると，以下のように解釈することができる。xとyは，A国とB国の，それぞれ，そもそもの軍事費を示す。そして，kとℓは防衛係数であり，kはA国のB国に対する不安を表す係数で，とても不安に思っているのを数値化して，例えば2.0だとすると，「B国が持っている軍事費yの2倍をかけないと不安でしようがない」という計算の仕方をする。それに対して，ℓはB国のA国に対する不安を表す係数となる。そして，αとβは疲労係数で，αはA国の自国軍事予算に対する疲労度を表し，βはB国の自国軍事予算に対する疲労度を表す。例えば，国家予算の9割近くを軍事費にどんどん投入していけば，国民はそれを教育や福祉に回す

表 5-1 リチャードソン方程式の係数などの説明（筆者作成）

軍事費
x：A 国の軍事費
y：B 国の軍事費

防衛係数：相手国の軍事費に不安を抱く程度を示す係数。相手国の軍事費が大きく，防衛係数が大きいほど軍事費は膨張する。
k：A 国の B 国に対する不安を表す係数
ℓ：B 国の A 国に対する不安を表す係数

疲労係数（飢餓係数）：自国の軍事費に対して国内の経済的不満や負担を感じる程度。
α：A 国の自国軍事予算に対する疲労度を表す係数
β：B 国の自国軍事予算に対する疲労度を表す係数

不平係数（苦情係数）：相手国の軍事費に関係なく抱く敵意や憎悪。したがって相手が軍縮したとしてもなくならない軍備。
g：A 国国民の B 国への敵対心を表す要因
h：B 国国民の B 国への敵対心を表す要因

べきだと不満を抱く。すなわち，これは，自国の軍事費を制約する係数である。そして，g と h は不平係数と呼ばれ，例えば，g は A 国国民が B 国への敵対心をどれほど持っているかを計測してここにあてはめていく。

今，述べたような形で例示すれば，A 国の B 国への不安感が大きければ，ky は大きくなり，軍事費は増大する傾向を示す。不安感がそれほど大きくないと考えれば，これが小さくなり，軍事費は減少する。また，B 国の軍事費が増大すれば，ky は大きくなり，A 国の軍事費も大きくなる傾向を示す。ところが，国家予算には限度があり，過剰な軍事費を使い続けると，国民の不満などが高まり疲労度 α が抑制に働き，社会保障や教育費，福祉などにまわすために軍事費は減少せざるを得ない。g は A 国の国民が B 国に対して抱く敵愾心などで他の項目が増減してもこの要因に変化はない。最後までこれは残る。

ここまで見てきたことでわかるように，リチャードソンは，クエーカー教徒として，また平和主義者としての信念から，数学的能力，科学的能力を惜しみなく平和学の分野にも応用し，国際紛争の根源の理解に努めた。彼が今日，紛争の科学的分析の開祖，あるいは，ライトやピティリム・ソローキン（Pitirim Sorokin, 1889–1968），ケネス・ボールディング（Kenneth E. Boulding,

1910–1993）やアナトール・ラパポート，アダム・カール（Adam Curle, 1916–2006）らとともに，現代平和学の共同設立者の1人とみなされるのは，こうした平和学に対する態度によるところが大きい。したがって，彼が初めて手掛けた紛争の科学的分析とは，戦争の原因と平和の条件に関するシステマティックな探求に寄与する，計量的・数理的社会科学の学際的領域であると言える。先ほどの方程式にしても，現実の歴史にぴたりと当てはまる。今では，この方程式の改良が学問的にも進み，精度を増す仕事がさまざまなところでなされている。だからこそ，開祖と呼ばれるのである。

もう1冊の著作『死に至るような争いに関する統計』で，リチャードソンは，1815年から1945年に至る，ほぼすべての戦争についてのデータ分析を示している。その結果，彼は，紛争に関する10の対数尺度の仮説を打ち立てた。換言すれば，多数の人命を奪う規模の大きな闘争（原文ではfight）よりも，2，3人の命が奪われる小規模の言い争いや殴り合いといった闘争の方がはるかに数が多い。いかなる紛争（原文ではconflict）の規模も，前もって予測することは不可能である。しかも，実際に，級数に上限を設置するのは不可能で，こうした紛争について，少し例は悪いがマグニチュードのような形で，規模を対数で表していくと，現象が発生する確率が，時間あるいは空間内において一定となるポワソン分布のような形をなす。より小規模の尺度では，リチャードソンは，シカゴや上海でギャングが争って殺人を犯すのと同様のパターンを紛争に関して示した。同様の統計学的パターンは，常日頃から起きていることが指摘された。

ラパポートは，次のように書いている。

> ……否定的な結果に基づいて，すでに確立された見解を論駁することを新しいものとしてみなさない限り，この記念碑的な分析から産み出された戦争の「原因」に関する新知識の先には何も残らない。とりわけ，武力も集団安全保障措置も（広範に流布している意見とは逆に）意味のある戦争防止的な影響力として，立ち現れるのではない。

武力や軍備を高めたり，集団的安全保障措置をとったりすれば，戦争を防止する効果があるとの意見が一般的である。ところが，リチャードソンは，いろいろな角度から分析した結果，それは正しい見解ではないと論駁した。そして，戦争について，新しい知識を持ち出した。このような，新しい視点から見直す態度をとらない限り，せっかく学問的成果が出てきても，それはあまり意味がないことになってしまう。したがって，皆，新しい視点で物事を見る態度を大事にしていこうではないか。このように，ラパポートは，リチャードソンの業績を称えていると言える。

【戦争の統計的分析の先駆者ライト】

続いて，リチャードソンと並び称される学際的な研究者，戦争の統計的分析の先駆者と言われるライトを見ていこう。ライトは，主として，国際法学者として活躍したが，政治学，国際関係論などの素晴らしい著作が数多く残されている。これらを見るときに最もよい参考文献を挙げよう。

Fink, C. F. & Wright, C. (1970). Quincy Wright on War and Peace: A Statistical Overview and Selected Bibliography. *The Journal of Conflict Resolution*, *14*, 543–554.

彼が著した『戦争の研究（*A Study of War*）』（Wright, 1942）は，非常にボリュームのある著作で，第1巻と第2巻に分かれている。最初に発行されたのは1942年で，1964年に増補・改訂版が出された。その後も，多くの大学の国際関係論や平和学科目のシラバスで必ず読むべき本として登場するような人気の本だったので，1983年に再版が出されている。

実に謙虚なことに，タイトルが“*A Study of War*”となっているが，私の目から見れば，「決定版」として“*The Study of War*”とした方がよいのではないかと思うほど，戦争について統計学などを導入しながら縦横無尽に分析を加えた本である。アメリカの国際政治学会の会長を務めるなどした大家，ハーバード大学のカール・ドイッチュ（Karl Deutsch, 1912–1992）は，ライトがその著作の中で研究・分析していることは，極端にまとめると次のようになるとしている。

(1) 技術，特に，軍事面に応用される技術。
(2) 法律，特に，戦争とその開始に関連する法。
(3) 社会的組織，特に，部族，民族，帝国，国際組織など多目的な政治単位と関連するもの。
(4) 基本的価値に関する意見や態度の分布。

ライトは，まず，軍事面に応用される技術についての分析を行っている。そして，元来，国際法学者であるから，戦争とその開始に関連する法律，戦時国際法と呼ばれるものの研究を展開する。また，社会的な組織，特に，部族という呼び方はあまり最近ではしないが，これに始まり，民族，帝国，国際組織など，さまざまな目的を持った政治的な単位に関連するものの研究をする。さらに，これは要素分解して研究されているが，大衆が持っている政治制度等に対する意見や態度，政策決定者が持っている価値についての分析をする。

ドイッチュがまとめたことに依拠して解析してみると，こうした4つの要素は，それぞれ，人間生活の技術的，法的，政治社会的，生物学的，心理学的，文化的レベルに対応していると言える。ライトによれば，こうしたレベルの1つ，ないしは，それ以上のレベルで，適切な調整，ないしは，制御が欠落するときには，常に暴力と戦争とが蓋然的で自然の結果として起きると言う。ライトの見方では，平和とは「多くの力の平衡状態」である。つまり，調整や制御がうまく働いて釣り合いの取れた状態を保つことが可能になり，これが平和であるとみなしている。しかも，その均衡状態とは，それ自体，放っておいて実現されるものではない。平衡状態をもたらすべく，常に組織化されねばならず，いったん組織化されて平衡状態を獲得した後は，その状態を努力して維持させなければならない。そして，どこか1カ所でも崩れたら修復しなければならない。

これは，逆に言うと，ある意味で保守的な努力に力を注がねばならないと言っているに等しい。いかなるレベルにおいても，文化や価値，政治および社会的制度，法律，技術といった側面で大きな変化が到来したときは，いつでも，既存の調整・制御メカニズムは緊張にさらされ，あまりの緊張のゆえに崩壊するかもしれない。そうしたときは，補正的な政治的，法的，文化的，心理学的調整が働いてバランスがとられない限り，いかなる主要な心理学的，社会的，政治的，法的，技術的変化も戦争のリスクを増大する。したがって，平和は，その維持，部分的なあるいは世界的な崩壊を修復するために，常に，新たな努力，新たな調整，新たな制度を必要としている。具体的には，この後で説明するように，勢力均衡政策のようなものから脱却し，国際組織を打ち立てて，そこに移行することをライトは提唱している。

『戦争の研究』が発刊された1942年からの数十年間は，人類がそれまで経験したことがないような大変化が世界を襲った。こうした変化は，人口，技術，法律，文化および価値，社会システム，政治，あらゆるレベルで生起した。そして，結果的に，戦争の基本的リスクは今も継続している。したがって，われわれがなすべきことは，国際的組織をうまく使いながら，この山のような戦争のリスクを，極めて低い割合に減少させる努力なのである。

ライト自身は，ここで述べたような変化は計測可能だと信じていた。ここに，いくつか例を挙げる。例えば，技術の変化に関しては，爆弾の爆発力の統計データ，爆弾を輸送する速度と範囲，今で言うミサイル，あるいは各国の軍事力に供給されるエネルギーの合計を計っていけばわかるというのである。また，大衆の態度・価値志向変化，政策決定者が抱く価値については，世論調査や，主要新聞の内容分析，あるいは政策綱領（マニフェスト）を分析すれば，計量化が可能であるとした。そして，さまざまなタイプの国家の数と規模の変化，国際法・国際組織の数，それらがカバーする範囲，それらがどれだけ人々によって順守されているかの度合いも重視するべきであるとした。このような点を計量化して分析することによって，平和の維持や戦争のリスクの軽減に利する指標となりうるというのである。

【ボールディングの相互作用モデル】

ここまで，現代型平和学の開祖として，統計的手法・数学的モデルについて，リチャードソンとライトの２人の業績について考えてきた。平和学は，彼らの研究によって，戦争原因の研究，戦争との相関関係分析，そして，戦争の蓋然性研究へと導かれていった。したがって，この２人の業績は，その後の統計的研究の源流となったとみなされている。とりわけ，数学的傾向が色濃いリチャ

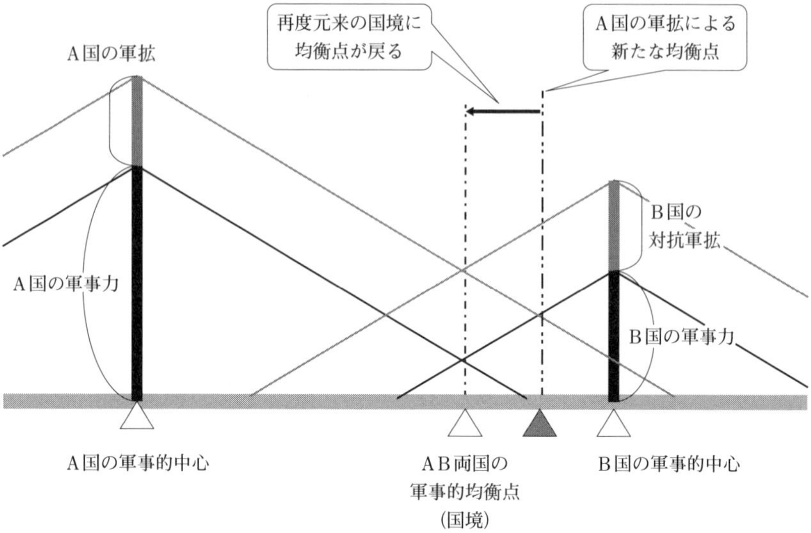

図5-2　ボールディングの相互作用モデル1

ードソンのモデル分析は，その後のゲーム理論の応用などに受け継がれていくことになる。

では，次に，ボールディングの相互作用モデルを見てみよう。彼は，『紛争の一般理論（*Conflict and Defense: A General Theory*）』（Boulding, 1963）という大著で知られている。その中に，軍拡競争のモデルが出てくる。ボールディングは，隣り合った国と国の軍拡競争について相互作用モデルを使って一般化した。

このボールディングの相互作用モデルには，4つの限定条件が付されている。1つは，領土を直線上に示し，2次元に定着させることである。2つめは，1国の軍事的中心（軍事基地）は，単純化するために，それぞれ1つと仮定することである。そして3つめに，軍事的中心から離れるにしたがって軍事力が逓減する，つまり一定の割合でその力は減っていくということである。4つめに，隣り合った国同士は国境で均衡を保つことが常であるということである。これら4つの限定条件を作って，軍拡のメカニズムを説明している。相互作用モデルというと難しそうに思うかもしれないが，ごく当たり前の簡単なモデルなので，しっかりと理解していこう。

図 5–2 で下の方に水平に走っている直線が，領土を 2 次元に限定して示している。その直線の下に△で A 国の軍事的中心と，B 国の軍事的中心が示されている。これが先ほどの限定条件の 1 つで，1 カ国に 1 つだけと仮定した軍事基地である。そこから垂直に伸びる黒い太い縦の棒は，A 国の軍事力，B 国の軍事力である。このように基地の上にある軍事力は計測可能だという前提に立つ。その先から細い線がだんだん遠くに行くと下がるように描かれている。これは，軍事力は，軍事的中心から離れるにしたがって逓減するという限定条件を表している。そして，A と B の両方から逓減してきた軍事力がクロスするところに，AB 両国の軍事的均衡点（国境）がある。これが隣り合った国同士は国境で均衡を保つことが常であることを図示している。左の太い線の上の部分が，A 国が軍備を拡張して軍事力が増したことを示している。ここから細い線がどんどん降りてきて，黒い線とクロスするところ，グレーの三角印で指しているところは，B 国の国境を越えてかなり B 国の中まで入ってしまうことを示している。そうすると，A 国の軍拡による新たな均衡点，つまり，B 国の領土の中に入ったところで軍事力が均衡して，B 国はこの部分を A 国に領土を侵略されているような形になってしまう。これではいけないと，B 国もやはり同じように A 国をまねて軍事力を拡張する。右の太い線で描かれている上の部分が，A 国に対応して B 国が軍備を拡張したことを示す。そうすると，この軍事力は中心を離れるに従って逓減して，再び元来の国境に均衡点が戻ることを示す。

このようにして，ボールディングは，隣り合った国が軍拡競争を行っていく説明をした。実は，これは，簡単な数式に定式化することが可能である。軍事費や防衛力を計量化して式に当てはめていって，実際に隣り合う国同士の軍拡競争を計算していく。誰でも思いつくような単純な式でできている軍拡の相互作用を表したモデルであると言える。

次に，もし，A という国が巨大な軍事力を持っていると考えてみよう（図 5–3）。B 国はそれほど大きな力を持っていないとすると，B 国の軍事的中心においてさえ，逓減した A 国の軍事力がまさっている。つまり，両国の軍事力は交差することがない。これはどういうことだろうか。B 国の「無条件的生存

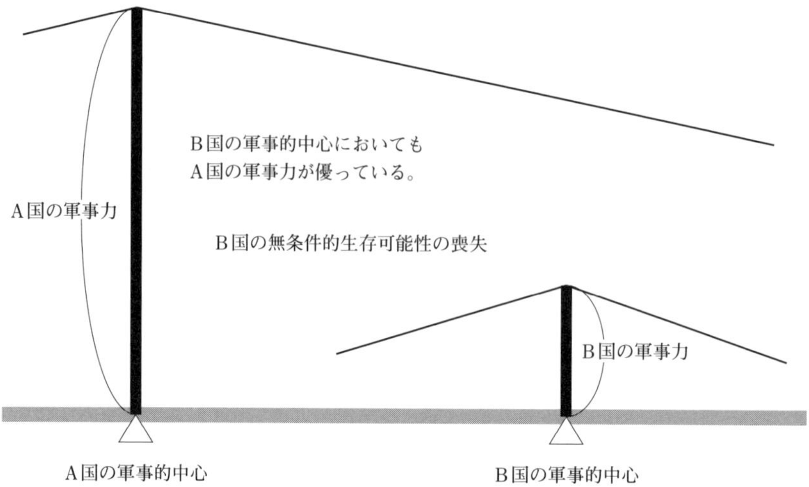

図 5-3　ボールディングの相互作用モデル 2

可能性の喪失」という言葉をボールディングは使っている。これは，B 国が無条件的に生存する可能性はなくなってしまい，B 国が生き延びるのは A 国次第になることを示している。超大国と，その国境を接して隣に小さな国がある場合には，このような形を取らざるを得ない。

【進行中の研究とデータセット】

さて，リチャードソン，ライト，ボールディングらが行った，軍拡競争や戦争を統計的に分析していく手法は，現代ではどうなっているのだろうか。実は，現代でも，紛争発生のパターン，紛争原因と過程分析，紛争の費用と早期警戒システムなど，さまざまな大学で大変多くのプロジェクトが行われている。ストックホルム国際平和研究所（Stockholm International Peace Research Institute: SIPRI, 第 10 講を参照）の他に，表 5-2 に挙げたようなところでも研究がなされていて，今や，その精度，その範囲も，彼らの時代とは比べ物にならないほど大規模なものになっている。そして，互いに連携し合って，データを交換し合いながら研究を行っている。こういった研究者たちは皆，彼らの後継者と言えるだろう。

一番大きなプロジェクトは，ミシガン大学のデイヴィッド・シンガー（J.

表 5-2　その後のプロジェクト群（筆者作成）

プロジェクト名	URL
Correlates of War（COW）	https://correlatesofwar.org/
Uppsala Conflict Data Program（UCDP）	https://ucdp.uu.se/
Center for Systemic Peace（CSP）	https://www.systemicpeace.org/
International Crisis Behavior（ICB）	https://sites.duke.edu/icbdata/
Minorities at Risk（MAR）	http://www.mar.umd.edu/
All Minorities at Risk（AMAR）	https://cidcm.umd.edu/research/all-minorities-risk-project
Issue Correlates of War（ICOW）	http://www.paulhensel.org/icow.html

David Singer）とメルヴィン・スモール（Melvin Small）の 2 人が中心になって行った COW（Correlation of War）で，戦争の相関関係研究と言われる。COW のホームページを見れば，その規模の大きさがわかるだろう。その中で，以下のようなことが定式化されている。国家間戦争の閾値を，当該紛争全期間での戦死者数が 1,000 人以上と設定する。国家とはそのような戦争の一方の当事者であり，かつ，最低でも 100 人以上の戦死者を出すか，あるいは，戦争地域において，実際の戦闘に最低でも 1,000 人以上の武装人員を送り込んだ場合のみに該当すると定義される。このような定義を使い，これに当てはまらないものは切り捨て，これに当てはまるものだけを取り上げて研究している。前に述べたように，これを操作的定義と言う。抽象的な表現で定義されることを，このように数字で目に見える形で定義づけをし，戦後に限らず非常に長い期間にわたって統計を蓄積してきているのが，この COW プロジェクトである。

ウプサラ大学のウプサラ紛争データプログラム（Uppsala Conflict Data Program: UCDP）では，毎年さまざまなデータを提供している。このデータセットでは，紛争の定義の中に，政府，あるいは領土の奪取といった，戦争の目的が含まれている。つまり，ある国の中で内乱が起こり，自分たちの手で政府を掌握しようとする人たちが起こした紛争，あるいは，国家間で領土をめぐって起きた紛争のように，戦争の目的を分けている。また，COW が行ったように，武力紛争を，失われた人の数を 1 つのメルクマールにして，小規模武力紛争，中規模武力紛争，大きな戦争の 3 種類に分類している。小規模武力紛争とは，少なくとも毎年25人以上の戦闘に関連した死者，および，紛争全体で1,000人以下の戦闘に関連した死者が出たものである。中規模武力紛争とは，少なくとも毎年25人以上の戦闘に関連した死者，および，紛争全体で1,000人以上の戦闘に関連した死者の累積があるもの，ただし，いかなる年も1,000人を超えないものである。3つめの戦争とは，毎年1,000人以上の戦闘に関連した死者を出したものである。

また，UCDPのデータセットには，2ないしそれ以上の国家間で起こる武力紛争のみならず，1つの国家と，その領土外の非国家集団との間で起こる国家外武力紛争も含まれている。その中でもまた，国際化された国内紛争と国内武力紛争とに，複雑に区別がなされている。国際化された国内紛争は，1つの国家の政府と国内の反対勢力との間に，他の国家の介入を伴って起こる。国内武力紛争は，1つの国家の政府と国内の反対勢力との間に他の国家の介入を伴わずに起こる。そして，大事なことは，ウプサラ大学の研究チームは，有名な図を世界中に毎年提供していることである。雑誌『平和研究（*Journal of Peace Research*）』に，1945年から現在までの紛争の数を，タイプに分けて，どのような変化があったかについて，表とグラフで毎年，提供している。

第6講
ゲーム理論による発展

この講は，アナトール・ラパポート（Anatol Rapoport）の研究を紹介する。戦後の行動科学革命が訪れると，数理的手法を取り入れて平和の問題を扱う動きが顕著になってくる。その第一人者で，中心にいたのが，ラパポートである。彼は，ゲーム理論の中で，囚人のジレンマやチキンゲームのモデルを創造して，そこから冷戦の核抑止論の無効性を訴えた。また，ラパポートを際立たせているのは，戦争をどのように見るか，戦争観による戦争の定義の違いである。このラパポートの否定的定義については，『平和学入門2：戦争を理解するための思考のドリル』で詳しく扱うことにしよう。

【ラパポートの人生】

ラパポートの名前は，ロシア語で Анато́лий Бори́сович Рапопо́рт という。アメリカに亡命してから，Anatol Rapoport と名乗るようになった。第1次世界大戦，そしてロシア革命勃発前の1911年に，当時のロシアのロゾバヤで生まれ，2007年にカナダのトロントで亡くなった。

彼は，よく，心理学者として紹介されることがあるが，実際は，数学の分野で活躍し，それを生物学に適用して，行動生物学という分野を創設した。自身も，最後まで生物学者を名乗っている。そのかたわら，心理学も勉強し，数理心理学の開祖的存在でもある。また，社会的相互作用の数学的理論や一般体系論，グラフ理論・ネットワーク理論の蓋然論，ゲーム理論，そして，言語学者サミュエル・ハヤカワ（Samuel I. Hayakawa, 1906–1992）と一緒に創設した意味論の分野でも知られている。このように，ラパポートは，討論などにおける心理的紛争から国際政治や軍縮に至るまで，さまざまな分野の知識を拡大して応用した書籍や論文を多数書いている大変著名な平和学研究者でもある。

これは余談だが，このような科学的な専門性に加え，ラパポートが最初に勉強したのは，実はピアノであった。革命ロシアやシカゴ大学で学んだ後，ウィーンの国立音楽院に作曲，ピアノ演奏，指揮を学ぶために留学するなど，有能なピアニストでもある。いわゆるコンサートピアニストとしてデビューするが，パトロンに抱えられて動くのを嫌い，巡業公演ピアニストとして，1933年から1937年の間，ヨーロッパ，アメリカ，メキシコをまわった。その後，数学の世界に入っていく。

こうしたことは，例えば，90歳のラパポートにインタビューしたメッタ・スペンサー（Metta Spencer）の記事（Spencer, 2001）から知ることができる。あるいは，ラパポート自身のメモワールとしては，『確立性と疑念（*Certainties and Doubts: A Philosophy of Life*）』や，『薄氷の上でスケートする（*Skating on Thin Ice*）』（薄氷の上をスケートする，それほど危ないことは何か，といった意味を表すタイトル）という著書が出版されている。これらの著書には，彼がいかに苦労してロシアから亡命したかといった話や，しばらくミシガン大学で教鞭をとっていたが，アメリカ合衆国は子育てによい環境ではないとしてデンマークに移住し，またカナダのトロントに行くといった，彼の人生について

表 6–1 （筆者作成）

ラポポート，A. 真田淑子（訳）(1965). 一般意味論：人間の目標と科学　誠信書房.
ラポポート，A. 真田淑子（訳）(1967). 操作主義哲学：思考と行動の統合　誠信書房.
Rapoport, A. (1953). *Operational philosophy: integrating knowledge and action*. New York: Harper.
（書評）前田康博（1961). 対立の科学のために：A・ラパポート『闘争・ゲーム・討論』紹介　思想の科学，34, 1961 年 10 月号，88–93.
Rapoport, A. (1960). *Fights, games, and debates*. Ann Arbor: University of Michigan Press.
ラパポート，A.　坂本義和・関寛治・湯浅義正（訳）(1972). 戦略と良心（上）岩波書店
Rapoport, A. (1964). *Strategy and conscience/* Introd. by Karl W. Deutsch. New York: Harper & Row.
ラパポート，A.　関寛治（編訳）(1969). 現代の戦争と平和の理論　岩波書店
森祐二（1976).　A・ラパポートの平和研究：その思想的展開 「平和研究」その方法と課題，54, 30–44.
多賀秀敏（1976). アナトール・ラパポート著『人間の創った環境の中での紛争』 国際政治，54, 139–144.
ラパポート，A.・チャマー，A. M. 廣松毅・平山朝治・田中辰雄（訳）(1983). 囚人のジレンマ：紛争と協力に関する心理学的研究　啓明社

書かれている。

【ラパポートの主要業績】

表 6–1 に，ラパポートの主要な業績のうち，日本語訳，書評論文的なものを集めた。非常にたくさんあり，どれを挙げたらよいのか随分悩んだ。

初期のものは，意味論や生物学の分野に集中して書かれている。『操作主義哲学』を訳した人たちなどにとっては，ラパポートは操作主義哲学の研究者であると映っていたに違いない。

『闘争・ゲーム・討論（*Fights, Games, and Debates*)』(Rapoport, 1960）と『戦略と良心（*Strategy and Conscience*)』(Rapoport, 1964）の 2 冊は，平和学の見地から見て最重要であると思われるもので，いまだによく引用されてよく読まれている名著である。『戦略と良心』は，有名な政治学者カール・ドイッチュがイントロダクションを書き，坂本義和・関寛治・湯浅義正によって 1972 年に翻訳された。いまだに上巻しか出ていないが，これを読むとラパポートの考えていたことがよくわかる。ぜひ手に取ってほしい。

カール・フォン・クラウゼヴィッツ（Carl von Clausewitz, 1780–1831）が書

いた有名な“*On War*”は，日本でも『戦争論』と訳されて出版されている。ラパポートがイントロダクションを書いた，その英語版がアメリカで出版された（Clausewits, 1968)。クラウゼヴィッツを理解するためには，ラパポートのイントロダクションを読むべきだというほど，定評のある仕事である。これは日本語ではないが読む価値がある。

本格的にラパポートの平和学を取り上げた日本語の本としては，関寛治編訳『現代の戦争と平和の理論』（ラパポート，1969）がある。だいぶ古い本で，すでに絶版となっていて残念だが，いまだにその価値を失っていない。ラパポートのゲーム理論，戦争に関する観点，その神髄が数々の論文の中から編訳されている名著であるので，ぜひ図書館で借りて読んでもらいたい。

1974年の著書“*Conflict in Man-made Environment*”については，私が大学院生のころ，日本国際政治学会誌『国際政治』で，タイトルを「人間の創った環境の中での紛争」と訳して書評をした。専門用語が多く使われていて，辞書と首っ引きで，ひと夏かけて，随分苦労して執筆したことを覚えている。生物学，心理学，物理学の知識を総動員しないとわからないようなことが平易に書かれている本である。晩年になると，平和学関係のものが増えてくることがわかるだろう。ラパポートの業績を見ると，ダ・ヴィンチのように，いかに学問の幅が広い学者であるかがわかる。

【囚人のジレンマ】

ラパポートは，数学的な理論的見地から，平和学に大きく貢献している。その中のほんの一部分，ゲーム理論を簡潔に紹介しよう。ラパポートは，その中で囚人のジレンマを分析した（図6–1)。これは，AとBというプレイヤー（国）が，それぞれXとYという選択肢を持つというマトリックスである。いまだに，さまざまな応用例が出てきて，例えば，戦争をするにはどうしたらよいか，こういう状況に立ったらプレイヤーはどんな選択をするか，という研究がなされている。

実際に，いろいろな数値を入れて考えてみよう（図6–2)。左上のマトリックスでは，AもBもXという選択肢を引くと+10となる。これは，ほとんど意味を持たないゲームになる。なぜなら，AもBも，互いにXの選択肢を引け

B＼A	X	Y
X		
Y		

図 6-1 （筆者作成）

B＼A	X	Y
X	+10 / +10	+3 / −3
Y	−3 / +3	+5 / −5

B＼A	X	Y
X	+10 / −10	+3 / −3
Y	−3 / +3	+5 / −5

B＼A	X	Y
X	+3 / +3	+5 / −5
Y	−5 / +5	−10 / −10

囚人のジレンマ

B＼A	Cooperation 黙秘	Defection 自白
C 黙秘	1 年 / 1 年	釈放 / 10 年
D 自白	10 年 / 釈放	5 年 / 5 年

図 6-2 （筆者作成）

ば＋10 の利得が回ってくるので，互いに X を引き続けることになるからである。ゲーム理論の中では，つまらないゲームという呼び名がついている。

右上のマトリックスでは，A と B が X を引くと，A は＋10，B は－10 になる。A にとっては，自分が Y を引いて，B が X を引くならば，出入り 6 の差で得をする。A は Y を引いておけば，たとえ B が Y を引いたとしても，出入り10の差で得になる。A が損をするのは，自分が X を引いたときに，B が Y を引くときのみである。このようなゲームは，非零和（ノンゼロサム）と呼ばれ，適切なところに落ち着くことが示されない結果に終わる。

左下のマトリックスは，ある種の協調関係を A と B が行えば，両者ともプラスの利益を得ることができるが，それを裏切って違う選択をすると，両者とも大きな罰則を受けるという関係が導かれる。このタイプのゲームが，別名「囚人のジレンマ」と呼ばれ，ポピュラーである。

これを右下のマトリックスに具体的に表してみた。ある罪を犯して独房に捉えられた人々が，互いに協力をするのか背信行為をするのかの2つの選択肢が与えられる。自分が罪を自白し相手が黙秘し続けたなら自分が釈放される。一方，相手には10年の刑罰が言い渡される。それに対して，互いに黙秘し続けた場合で，この2人以外に犯人がいない状況証拠が挙がっているとなると，両者は証拠不十分ながら1年の懲役になる。逆に，自分がずっと黙秘を続けても相手が自白してしまうと相手は釈放されて，自分には10年の懲役が科される。互いに自白してしまうと，これはお互いには背信行為をするということになるが，刑罰的には自白したことに免じて科される罪は5年になる。

こうなると，両者ともにジレンマに陥ってしまう。自分が黙秘し続ければ，1年で出られるかもしれないし，相手が自白してしまえば10年の懲役になるかもしれない。この状況は相手にとっても同じである。自分が自白してしまえば，相手が黙秘を続ければ釈放されるが，相手も自白すれば5年の懲役になる。それぞれ利得に相当な開きがあり，決断は大きな賭けになる。これを何度も何度も続けていって，どこに落ち着くかというと，実は，互いに黙秘するところに落ち着く。ラパポートは，さらに，「しっぺ返し（tit for tat)」という手があり，それがあってから，互いにだんだんに協力するという解に落ち着くと証明している。このように，利得の数値を入れ替えることによって，さまざまな組み合わせの例えができる。

【チキンゲーム】

利得の数値を入れ替えることによって組み合わせがかわる1つの例は，「チキン」というゲームである。チキンとは俗語で，さまざまな意味があるが，弱虫と考えてよいだろう。アメリカの不良と言われた若者が，人けのないハイウェイに集合し，対立したグループのリーダー同士が互いに両方からものすごいスピードで車を走らせ，もし，よけなければ正面衝突する，先によけた方がチキンであるという誇りをかけるゲームである。互いに最後まで協力しなければ，－100，つまり互いに命を失ってしまう。ギリギリで両方がよけあう協力をす

	C	D
C	+1 / +1	+10 / −10
D	−10 / +10	−100 / −100

図 6-3 （筆者作成）

れば，両方とも弱虫と呼ばれずに済みプライドを保つ。どちらかが先にハンドルを切ってよけてしまうと，まっすぐに進んだ方がプライドを保ち，皆から勇気を認められ，よけた方はそれを失う。そうすると，このゲームは，どこで解が得られるだろうか。通常は，互いに協力し，+1（ギリギリでよけ合う）というところに落ち着くだろう。しかし，核戦争を始めたり，両者が軍拡を続けたりしていくと，実は，この表で行くと−100にあたるのだということが明らかにされた。実は，このゲームには必勝法がある。運転する前にハンドル軸を固定して，まっすぐにしか進めないようにしてしまい，相手によく見えるように，ハンドルそのものを空に投げ出してからまっすぐ進むのだ。そうすると，相手はよけざるを得ない。それは，例えば国家間になぞらえると，国家間のコミュニケーションの有無にほかならない。つまり，どこかで妥協してコミュニケーションを図れば，互いに+1に落ち着くことができる。

囚人のジレンマとチキンゲームの2つを示したが，ゲーム理論は，実はこんなに簡単なものではない。もっと複雑な場合について解を出していくものである。ゲーム理論については，さまざまな本が出ているが，興味のある方，今日の復習をしてみたいという皆さんは，クラシックスとして，先ほど挙げた『現代の戦争と平和の理論』を読むとよいだろう。ラパポートの戦争に対する見方を，最初の10ページほどにまとめている。『戦略と良心（上)』には，さまざまなタイプのゲームが取り上げられている。その他，『操作主義哲学：思考と行動の統合』や『一般意味論：人間の目標と科学』などを読んで，ラパポートの巨大な学問の足跡をたどってほしい。

【行動科学革命と数理的手法】

ここまで，現代型平和学のさきがけとして，リチャードソン，ライト，ボールディング，ラパポートの4人を取り上げてきた。ラパポートは，囚人のジレンマ，チキンゲームなどの数学の「ゲームの理論」の分野を応用して平和学を組み立てた。ボールディングも，紛争の一般理論の中で，やはり数学の理論を使っている。こうしたことが，いわば極致に至り，ハロルド・ゲツコウ（Harold Guetzkow, 1915–2008）が国際政治のシミュレーションを作り上げた。数式をたくさん入れ込んで，ロールプレイとマシンの原理を組み合わせ，実際の現場を再現するモデルも作られた。

では，ここでの学びをまとめてみよう。まず，戦争によって，惨禍の増大が訪れる。そして，制度論で，国際組織・国際法をしっかり作ろうという考え方が出てくる。原因がどうなっているのかを究明しようとして，外交史的事実を再現して，いったい，どこが分かれ道だったのかを学び，二度とこのようなことを繰り返さないようにしようとの意図で研究がなされた。それから，計量的・数量的手法を用いた学問として平和学が出発した。1960年代くらいから，行動科学革命，すなわち，コンピューターによる膨大な数量的計算を社会科学にも取り入れて予測していこうとなり，学問の中に革命がもたらされた。平和学も，出発点はここにのっとっていた。

そして，平和学は，研究・教育・行動，三者の緊張関係の中で進展してきた。もちろん，研究は書籍で発表され，雑誌に投稿される形で発達してきたが，同時に，ラパポートなど多くの人々が，今ではほぼ死語になったティーチイン（teach-in）とよばれる討論会を大学で行った。ベトナム戦争に反対して，戦争をこれ以上拡大させてはならないとして，学生と一緒に大学の中で朝まで討論をするということが，さまざまな大学でなされ，それが反戦運動などにつながっていった。そうした場で得られた知識や議論を，また教育の場に持って帰って，大学に平和学コースが設置された。これも繰り返しになるが，ここで忘れてはならないのは，実学的発想が必要だったということである。現実の世界と大きな深いつながりをもって，社会をよりよい方向に導いていこう，患者の病気を治す医学のように社会を直そうではないかとの発想で，平和学はなされてきたのである。

そして，もう１つ大きな共通点があった。それは，どの研究をとるにせよ，平和学は，「戦争をいかに防ぐか」という文脈での戦争研究であったことである。例えば，リチャードソンらは，戦争のデータをこまめに集めて，数学的に軍拡競争などに応用して分析を行った。それをゲーム理論にまで高めたのが，ラパポートである。どれをとっても，中心には戦争をいかに防ぐかの考えがあった。

第7講
平和ならざる状態（ピースレスネス）

天動説が地動説にとってかわられるようなパラダイムチェンジが，平和学にもあった。1968年，戦争を防ぐための戦争研究に没頭していた学会に大激震が走った。これは，国連が1945年に設置され，1960年をピークに第三世界の国々が独立し，国連にどんどん加盟して，世界のひのき舞台で発言権を得てきたことと決して無関係ではなかった。そのパラダイムチェンジは，スガタ・ダスグプタ（Sugata Dasgupta）の「平和ならざる状態（ピースレスネス：peacelessness)」という言葉がもたらしたものである。これは，国語辞典や英和辞典を引いても，なかなか出てこない言葉であろう。ここでは，平和学に起きたパラダイムチェンジについて，皆さんと一緒に考えてみたい。

【平和学のパラダイムチェンジ】

学問は，パラダイムチェンジを経て発展していく。パラダイム（Paradigm）は，トーマス・クーン（Thomas S. Kuhn, 1922–1996）という人が言った言葉である（『科学革命の構造』クーン，1971）。ある一定の専門家あるいは研究者集団の中で，いわば口をさしはさむ余地なく認められている公理系，あるいは共有されている公理系のことをパラダイムと呼ぶ。公理とは，もはや，真なることを証明する必要がないほど自明の事柄であり，それを出発点として他の命題を証明する基本命題のことである。証明の必要のない常識として，専門家たちが共有するものである。すなわち，皆が，これはもう疑う余地がない事実，真実だと思っている命題がたくさんあって，それが公理系を形成するわけだが，パラダイムチェンジはそれをひっくり返してしまう。

一番わかりやすいのは，天文学の事例である。この分野は占星術として昔からずっと人類の間で発展してきた。これをただの占いだと言って馬鹿にしてはいけない。占星術は，大変な量の質の高い天文に関するデータを積み上げてきたのである。その膨大なデータに基づく予測は人間生活に欠かせないものとなっていた。ところが，ある部分になってくると，説明がつかなくなるところが生じる。では，なぜ，説明がつかなくなるのだろうか。天動説と地動説の違いを皆さんは聞いたことがあるだろう。それまで集めたデータは，天が地球を中心にして動いているという天動説の立場をとってきており，天体の動きで予想と違った動きが出てきてしまい説明がつかない部分が生じてしまう。説明がつかないのは少数の部分ではあるが，それは当然のことで，実は，動いていたのが地球だったからだとわかってくる。すると，それまで説明ができなかった部分が，天動説から地動説に変わったとたんに，一気に消し飛んでしまって説明可能となる。これをパラダイムチェンジという。コペルニクス的転回とはこのことを指している。したがって，天が動いているというパラダイムが地が動いているとチェンジしたことで，「占星術」は「天文学」への変化を遂げたのである。その後，今度は相対性理論が出てきて，説明不能だったところが，もう少しまた説明ができるようになる。そうやって，パラダイムはどんどんチェンジしていく。

もう１つ，わかりやすい事例を述べよう。錬金術という言葉を，皆さん聞いたことがあると思う。学問と言えば学問，術と言えば術だが，金属を溶かしたり混ぜたりして何とか金を作ろうとする試みであり，古代エジプトや古代ギリシャから16世紀ごろまでそれがずっと続いていた。その間に，膨大な量の化学の知識が蓄積された。そのような知識と実験の積み重ねの結果，金はどうやってもできないのだ，沸騰させせようが何かを混ぜようができないものはできないのだ，金は金として存在しているだけなのだということがわかってしまう。そのときに，「錬金術」は「化学」という体系にパラダイムチェンジしたのである。

そして，平和学にも「新しい平和の概念」の登場によって，占星術や錬金術に起きたような，大きなパラダイムチェンジが起きる。その1つが，今回紹介する「平和ならざる状態（peacelessness）」であり，もう1つが次講で述べる「構造的暴力（structural violence）」である。両者は，本質的によく似ている概念である。最後に出てくるのが，身の回りから地球大へ持っていこうというグローカル（global+local ⇒ glocal）という発想，社会運動論である。これらの登場によって，平和学に大きなパラダイムチェンジが起こる。グローカルについては，第2講で国家を超克する試みとして少し触れているので，ここでは「平和ならざる状態」と「構造的暴力」について考えることにしよう。

【ダスグプタと平和ならざる状態】

では，平和学に大きな衝撃を与えた「平和ならざる状態」とは，どのようなものなのか見ていこう。この概念を発表したのは，インドの平和学者・哲学者のスガタ・ダスグプタ（Sugata Dasgupta, 1926–1984）である。彼の父親も哲学者であった。彼が1968年の国際平和研究学会（International Peace Research Association: IPRA）第2回世界大会で発表した論文が，“Peacelessness and Maldevelopment: A New Theme for Peace Research in Developing Nations”である。日本語に訳すのはなかなか難しいのだが，「平和ならざる状態と不良開発：開発途上国における平和研究の新たな主題」となろうか。ポイントは世界中が関わっていた，開発途上国における新たな主題という問題であった。

ダスグプタは，その論文の中で，次のようなことを言った。

> それまでの平和研究は，戦争を防ぐための戦争研究に集中していた。とりわけ，冷戦中は，核戦争の回避は，人類にとって，最も重要な課題とされた。欧米など先進国では，日常生活に必要な生産の増大や，医学，教育などの進歩があって，たしかに戦争がなければ，「平和」と言いえた。したがって，平和研究の主題も資金も資材も人材も，戦争回避研究に注がれた。同時に，いかに勝つか，いかに優位に立つかの戦略研究にはより多くが投じられた。

同じころ，第三世界と呼ばれる国々，つまり植民地から独立したばかりの国や地域，あるいは，まだ植民地である国や地域はどうであったのか。ダスグプタは，以下のように述べた。

> 他の多くのアジア諸国と同様に，インドは，独立するまで，実際，戦争を知らずにきた。にもかかわらず，東洋の諸国の人民は，平和に暮らしてきたのではないという事実は厳然としている。

> それどころか，経済的，心理的両面における貧困と，経済的・制度的枠組みにおいて伝統的なステレオ・タイプが支配してきた。このことは，世界のなかで，この地域における生活を，常に，非平和的（peaceless），すなわち，始末に負えないほど不潔で，野蛮で，不十分にしてきた。

ステレオ・タイプとは，典型的なもののことを言う。ここで「非平和的（peaceless）」が出てきた。戦争をしてこなかったけれども，経済的，心理的な面では貧しかった。制度的な枠組みでも，伝統的なものがずっと支配してきた。この地域の生活を振り返ってみると，始末に負えないほど不潔で野蛮で不十分だった。それを表現して，「非平和的」とした。このように主張を展開し始めたダスグプタは，次のような表現をしている。

> 東洋では，戦争はまれであったにもかかわらず，同時にその広範な大衆には，全く平和も存在しなかった。

これは，非常に大きな衝撃を与えた。今では，こういったことは当たり前かもしれないが，当時，平和を研究していた人々は，「戦争が起きなければ平和である」，とりわけ「核戦争が起きれば人類は破滅」だという議論ばかりをしていた。ところが，ダスグプタは，東洋では，戦争はまれにしか起きていないが，にもかかわらず，庶民には平和も存在しないと言ったのである。これは，それまでの「戦争がなければ平和である」という命題に反している。

> 彼らがさいなまれてきた生活の実態にもっとも近い定義は新しい術語によってのみ記述が可能である。

社会科学が社会に還元できる大きな役割，使命は何か。ダスグプタは，新しい現象，新しい事実をつかみ，観察によって導き出したときに，それにふさわしい用語を作り出し，そこにあてはめることだと述べたのである。戦争がないのに平和ではない状態を，どのように表現するのか，新しい言葉が必要だと断言したのである。

> すなわち，私は「平和ならざる状態（peacelessness）」という概念を選択する。

ダスグプタは，平和の反対は何であるかと聞かれ，平和ならざる状態であると答えた。言ってみれば，これは当たり前のことであるが，“peacelessness” には，先ほど述べたような深い意味合いがある。この言葉でしか表現できない生活の実態や人生が，西洋諸国とは違う形で，東洋諸国には現実に存在していたのである。

【新しい概念のインパクト】

彼は，「平和（peace）」の反対は，「平和ならざる状態（peacelessness）」であるという，当たり前のことを言ったわけである。すなわち，これまで平和学の研究者たちが追い求めてきた「戦争の不在（absence of war）」が「平和」を意味せず，戦争でなくても平和でないことがあるのだと指摘した。これをよく考

パラダイムチェンジ ↓				
①	Peace	⇔ vs.	War	（戦争と平和は反対の概念）
②	Peace	=	$\overline{\text{War}}$	（戦争のない状態が平和）
③	Peace	≠	$\overline{\text{War}}$	（戦争のない状態が必ずしも平和ではない）
④	Peace	⇔	Peacelessness	（平和ならざる状態が平和の反対概念）

図 7-1　「平和ならざる状態」によるパラダイムチェンジ（筆者作成）

えると，大変に含蓄のある言葉であることがわかる。最初に紹介したように，それまでの平和学は，世界の状態，あるいは社会の状態というのは，図 7-1 の①のように「平和（peace）vs. 戦争（war）」，すなわち，戦争でなければ平和，平和でなければ戦争という二元論で解釈されていた。このとき，②のように非戦争は平和であるように思われていた。ところが，ダスグプタによると，それは③のようにイコールではない。「戦争がない状態（warlessness）」だからと言って，即，平和であるということはできない。「平和ならざる状態（peacelessness）」が，その間に挟まっているではないか，むしろ，その「平和ならざる状態」こそが世界を覆っている最も大きな現象であると主張したのである（④）。

戦争はなくても，経済的な貧困，心理的な貧困，ステレオ・タイプな制度的な支配，始末に負えないほど不潔で野蛮で不十分な状態がある。それは戦争でもない，平和でもない，平和ならざる状態である。ダスグプタのこの主張に，当時，戦争をいかに防ぐかばかり研究していた平和学者たちは，大きなショックを受けたのである。

【インドの貧困率の変遷】

ダスグプタは，論文の中で，インドについて「始末に負えないほど不潔で野蛮で，不十分である」と述べている。研究者というのは疑い深い人種であるため，私もダスグプタが言ったことだけを信じるわけにはいかなかった。インドの絶対的貧困線についてみると，一番激しいときには，絶対的貧困線は 70 パーセント近くに達していた。10 人いたら 7 人は，絶対的貧困以下の生活をしていた。ダスグプタがこの論文を書いたころには，おそらく 60 パーセントく

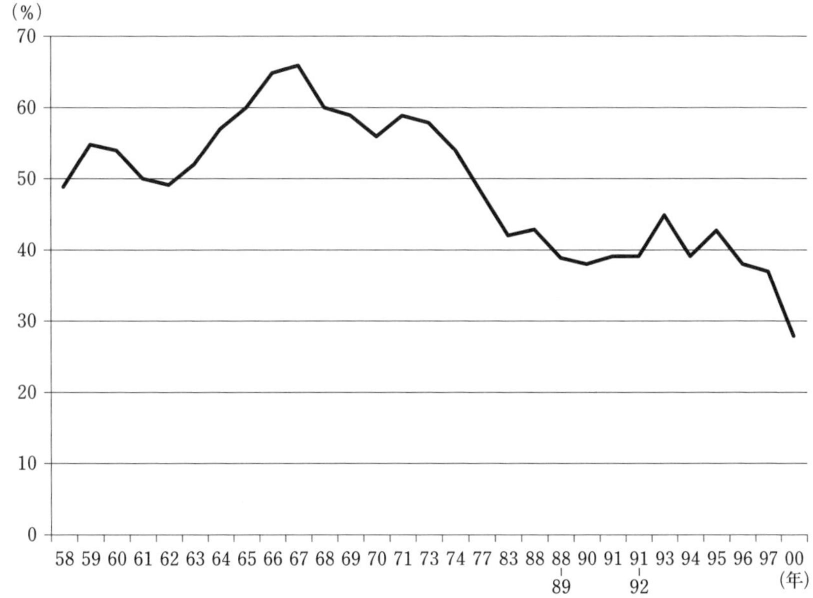

図 7–2 インドの貧困率の変遷（Datt & Ravallion, 2002 および Indian Planning Experience から作成）

らいであったろうと思われる。インドの人口は，今よりも当時は少なくて 7 億人くらい，そのうちの 6 割，およそ 4 億 2,000 万人が絶対的貧困以下であったと考えられる。したがって，「平和ならざる状態」は，多くの人々が人間としての暮らしをしていなかった当時の状況から生まれてきた概念だと言えよう。絶対的貧困（absolute poverty）とは相対的貧困（relative poverty）とセットで理解してほしい用語で，絶対的貧困は，最低必要とされる食料と食料以外のものが買えるだけの所得や支出水準に達していない，すなわち貧困ラインに達していない状態を指す。一方，相対的貧困は例えば，ある地域の下位 10 パーセントの所得層にいるような状態を指す。世界銀行の定義では国際貧困ラインが 2015 年に 1 日 1.25 ドルから 1 日 1.90 ドルに改定されている（世界銀行の HP を参照されたい）。

インドの貧困率の推移を見ると，現代に近づくにつれて，だんだん下がってきている。インドでも，中間層の所得の大きい人は，とても大きな収入を上げていることは，よく知られている。人口が多いので，日本人と同じくらいの収入を上げている人は，1億人以上いるだろうとも言われている。その同じ大地の上で，絶対的貧困線以下の人々が，いまだに存在している。

60年代のインドを見て，ダスグプタがこれを主張したわけである。私は，60年代は知らないのだが，70年代のインドには行ったことがある。真夜中に空港に着き，空港から市の中心部に行くとき，目が慣れてくると，そこら中で，真夜中だというのに，しかも雨が降っていたのに，地面の中から人間が湧いて出てきたのだろうかというくらい，道路沿いの原っぱのようなところに人が立っていた。道路の方を何もせずにじっと見ている。割と背丈が小さくて，漆黒の顔をして，その人たちが，行き交う車のライトに照らし出されたり，あるいは街灯のあるところでは，ふっと見えたりする。いったい，この人たちは何をしているのだろうというような光景を，まず空港を出て目の当たりにした。

そして，川に行ってみると，上流の方で一生懸命，洗濯をしている人がいる。洗濯をしているのと同じ水で，川下の方では野菜を洗ったりしている。飲み水にするのか，あるいは体を洗うのに使うのか，洗濯するのか，水をくんでいる。さらにその下の方に行くと，最初に見たときには，なんだかわからなかったのだが，木を井桁にして，たき火をしている。こんな暑いところでたき火をと思ったが，そばに寄ってみると，その中に遺体があって，手足がその井桁の中からにゅっと出ていた。荼毘に付していたのである。それを見た時，ぎょっとしたが，これは彼らの慣習で，彼らにとっては何でもない聖なる儀式である。そして，その荼毘に付した遺灰ごと，川に流す。そして，また遺灰が流れてきたところで洗濯をしている，食べ物を洗っている，飲み水をくんでいる。そういうことが日常的になされている。

川岸から離れて町の中に入っていくと，イギリスの植民地だったこともあるのだろう，道路が石畳でできているが，そういうところに，ものすごく年老いた方が，おそらく象皮病だと思うのだが，腫れあがった足をかかえて1日中ずっと同じ姿勢で道端に座っている。その前には空き缶が1つ置いてある。つまり，自分はもう働けない，皆さんにおすがりするしか他にない，だから善意を持っている人は，この中にコインでもいいから入れてくださいというのである。路上生活者があふれ，想像を絶するような多くの人が，収入がなく飢餓と同居している。

明日になったら，もう，この人は食べるものがなくて死ぬかもしれない，免疫力が低下しているから伝染病にかかって，薬も買えない，それで死んでしまうかもしれない。つまり，「戦争をしているわけではない，けれども，こういう情景を皆さん目にしたとき，こういうことを平和と言えますか？　平和ではないでしょう？」，ではなんと呼ぼうか，「戦争ではない，しかし，平和でもない，平和ならざる状態と呼ぼう」とダスグプタが言ったわけである。これをダスグプタが提案した時に，大きなパラダイムチェンジが平和学に起きたのである。

新しい概念「平和ならざる状態」が学界に及ぼした影響は，非常に大きいと言わざるを得なかった。平和学の天地がひっくり返ったようなことになった。当時も今も，インドは，世界最大の民主主義国であることを誇りにしている。その実態は疑わしいものがあるが，ダスグプタ自身が，世界最大の民主主義国家の現実を世界にぶちまけたので，自分の国では非難された。しかし，「平和ならざる状態」という概念が，世界中に平和学の研究者を通じてもたらされ，世界中が動き出した。インドにとっては恥だったかもしれない。ところが，社会科学者は，時に，このように命がけで仕事をする。「どんなに批判されてもいい，これが真実である」，「自分の国の恥を世界にさらしてもいい」，「こういった現象が起きていて，この現象を解決することこそ，大事なのだ」ということを，弾圧を受ける覚悟でやらざるを得ないときがある。社会科学者の役割で，1つ重要なことに，新しい現象，あるいは，適切な言葉が与えられていなかった現象に対して，この言葉が適切であるという新しいイメージを与えることがある。それをダスグプタは1968年にやったのだ。

【人間開発指数（HDI）などの示すこと】

図7–3に，国際連合開発計画（United Nations Development Programme: UNDP）が作ったものをもとに作成した，人間開発指数（Human Development Index: HDI）のグラフを示した（HDIの詳しい議論は，第12講を参照）。人間開発指数は当該国の，出生時平均余命（歳），成人識字率（15歳以上），複合初等・中等・高等教育総就学率，購買力平価で計算した一人当たりGDPを組み

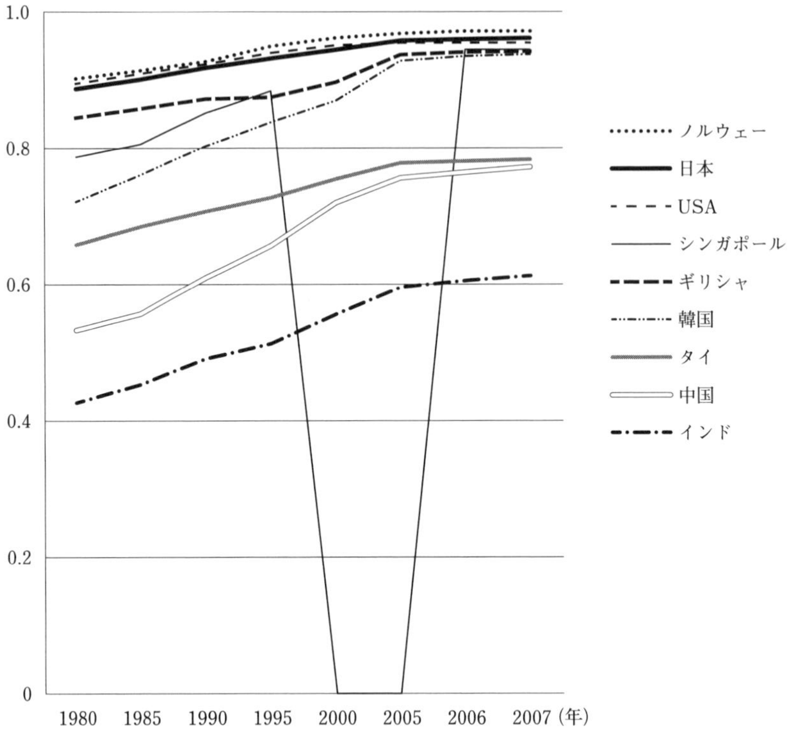

図7–3 人間開発指数（UNDP 各年の HDI から筆者作成）

合わせて算出される，人々の生活の質や発展度合いを示す指標である。1.0 が最高，0 が最低で，一番指数が高いのはノルウェーである。これを作った人は，この指数がすべてを示すわけではないが，考察のとっかかりにはなるだろうと述べている。シンガポールは 2000–2005 年にガクッと落ちているが，実は統計がなくてこうなっている。日本は，ノルウェーのすぐ下に位置して，高い指数を示している。ところが，インドは，2009 年に，世界 200 カ国以上の中で 130 位台である。これほど低いのも先ほど述べたような現実を見ると，むべなるかなと思う。例えば，マザー・テレサ（Mother Teresa, 1910–1997）の映画を見ると，路上で人が亡くなっているシーンがあるが，あれは日常的なことであった。とりわけ，ダスグプタが新しい概念を出した 1960 年代後半はひどかった。そ

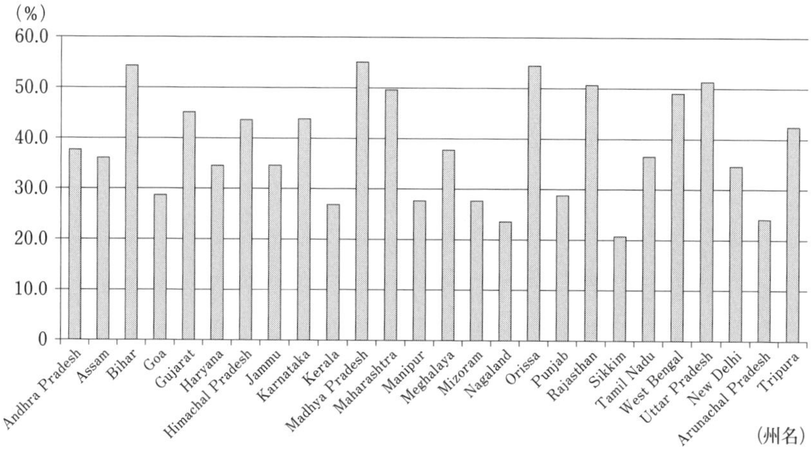

図 7-4　5 歳以下の乳幼児で低体重の子どもの割合（インド，州別，2005 年。筆者作成）

れから徐々に上向いてきているということを，この指標は表している。

【5 歳以下の乳幼児で低体重の子どもの割合】

HDI だけでは詳しくわからないので，さまざまな指標を組み合わせて，平和ならざる状態を記述・観察する試みがなされている。図 7-4 は，2005 年のインドにおける，州別の低体重の子どもの割合を示している。世界保健機関（World Health Organization: WHO）などが定めた平均体重があるが，それを念頭に低体重の乳幼児の割合を州別に見たものである。ひどいところでは，半分以上の子どもが栄養不良に陥っている。2005 年でこの状態なのだから，ダスグプタが論文を出した 1960 年代は，こんなものではなかったと言えよう。食べるものすら不足していた。しかし，戦争をやっていたわけではない。いったい誰がこの状態を平和と呼ぶのだ。半ば憤りのような形で，「平和ならざる状態」という概念が登場してきた背景にはこのような現実があった。

図 7-5 は，世界全体の話になるが，もっとショッキングな指標で，国際連合食糧農業機関（Food and Agriculture Organization: FAO）が毎年出している，飢餓統計（hunger statistics）である。人間が 1 日生活するためには，このくらいの栄養・カロリーを摂取しなければならないという基準に満たない，栄養

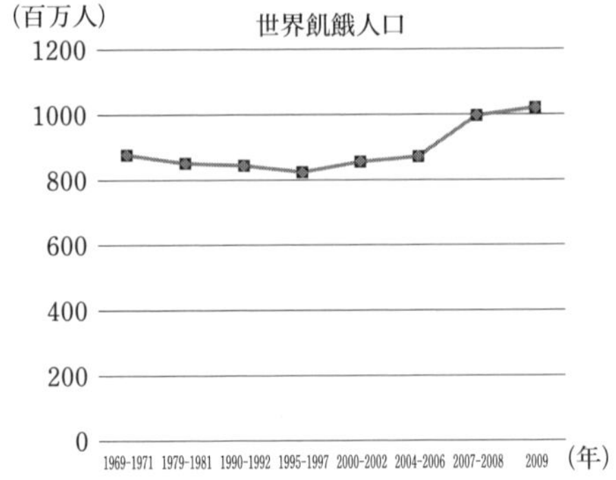

図 7–5　飢餓の統計（FAO）

が行き届いていない，しかも飢餓に陥っている人々が，世界でどのくらいいるか。食べるものがなくて死にそうな，何百万，何千万という人たちをカウントして表に示す，非常に乾いた統計，数字の羅列である。１人１人に人生があり，夢があっただろうし，自分のせいではなく，こういう生活を送らざるを得ないという人々の思いが，この８億という数字には込められている。そして，これが改善されているかと言うと，そうではない。2007～2008 年には 10 億人に近づき，2009 年には世界全体で 10 億 2,000 万人に達している。

【当時のインドの状況を知るために】

今，述べたようなことについて，数値とか理論だけではなく，文章で書かれたものがある。小田実の『何でもみてやろう』（小田，1961）は，フルブライト奨学金に受かってアメリカに留学し，その帰りに世界一周をしてインドにも立ち寄った経験が書かれている。「わたしはインドに降り立ったとき，心底呻《うめ》いた」といった表現があるが，私もまったく同感である。それから，堀田善衛『インドで考えたこと』（堀田，1957）や，フォトジャーナリスト藤原新也の『全東洋街道』（藤原，1982–1983）というビジュアルと文章とで知ることができる写真集がある。彼は他にも紀行文を多く書いている。当時のインドでは，日常的に，路上生活者があふれていたことを知る助けになろう。

コラム3　飢餓と日本の飽食

人類が飢餓を脱したのは20世紀であると言われている。20世紀になって初めて人類は，人類全員が食べていくのに足る穀物やその他の食糧を生産する力が付いたのである。ところが，世界中で食べるものが総量では足りているはずなのに，今，言ったように，2009年で10億人，世界人口で7人に1人が飢餓人口，つまり飢えている。おなかが減って，ものが食べたいのに食べるものがなくて死んでいく。こういうことが，ダスグプタが言った「平和ならざる状態」であり，調べていくうちにだんだんと事実がわかってくる。

人類の最大の死因は何かということを考えてみてほしい。交通事故，がん，心臓疾患，エイズのように，いろいろなことが思い浮かぶであろう。実は，餓死が世界第1の死亡原因である。このことは，しっかりと皆さんも記憶しておくべきであろう。日本は，主要な国の中では世界最大の農産物の輸入国の1つである。ところが，FAOが丹念に毎年毎年まとめているデータによると，日本は捨てる食べ物の量も多い。日本政府も黙っていられなくなって，農水白書の中で警告を発している。皆さんも，結婚式の披露宴とか，何かの打ち上げパーティーとかに参加することがあると思うが，大体そういったパーティーでは，約4分の1の食べ物が日本では捨てられているという計算が出ている。世界有数の食糧輸入国である日本が多くの食料を捨てている。このことと，7人に1人は飢餓状態にある，栄養不良にあるということと，よく照らし合わせて考えてみてほしい。例えば栄養不良とか，餓死とか，飢餓とかが起きる地域はどういう地域かというと，日本に食料を輸出している地域でもある。それなのに，その輸入した食料を残して腐らせて捨ててしまう。

最近では，残飯を家畜の飼料にしたり，生ごみからガスを作って，それで循環させる取り組みも行われている。しかし，食料は本来，人間が食べて，それで生命を維持するために，あるいは成長するために作られている。そうすると，日本は食料を輸入して，回りまわって人を殺しているのではないかとみられても，結果だけから見れば反論はできない。

例えば，国際連合世界食糧計画（United Nations World Food Programme: WFP）が1年間で援助している食糧援助量は約320万トンである。日本の消費者庁によると，これに比して，日本の食品ロス量は年間646万トン（2015年度推計）で，WFPの食糧援助量の2倍にのぼる（消費者庁，2018）。毎日，大型（10トン）トラック1,770台分を廃棄する姿を想像してほしい。この食品ロス量は，年間1人当たりにすると51 kgであり，およそ，日本の年間1人当たりの米の消費量（約54 kg）に相当する。この状態こそ，「平和ならざる状態」である。これは，もちろん平和学の課題である。

第8講

構造的暴力と積極的平和

たとえ戦争がなくとも，とても平和だとは言えない，第三世界の状況があるではないかとのダスグプタの「平和ならざる状態」の主張に，平和学に携わっている研究者は驚いた。これ以降，戦争や紛争だけではなく，その原因となるような貧困，格差，人権，あるいは環境問題に至るまでが，平和学の地平であると考え直す契機となった。この考え方に非常に近く，より整理された概念が，1969年に登場する。それが「構造的暴力」である。これを提唱したのが，ノルウェーの平和学者，ヨハン・ガルトゥング（Johan Galtung）である。ガルトゥングは，平和の対概念は，必ずしも戦争ではなく，暴力であると考える。この講では，暴力を分類することから始めて，「構造的暴力」とは何かを考えてみよう。

【ガルトゥングの構造的暴力概念の登場】

これまで，平和の対になる概念は戦争であると言われてきた。しかし，ヨハン・ガルトゥング（Johan Galtung, 1930–現在）は，戦争の対になる概念は暴力であると述べ，平和（peace）vs. 戦争（war）から平和（peace）vs. 暴力（violence）に考え方を切り替えようではないかと，『平和研究（*Journal of Peace Research*）』に論文を発表した。ダスグプタによって「平和ならざる状態」が提唱され，現状に対して目が向いたところで，ガルトゥングの構造的暴力という概念の登場によって概念的な整理が進んだのである。

この論文の中で，ガルトゥングが主張したことは以下のようになろう。平和の対概念は，必ずしも戦争ではなく暴力である。暴力には２種類あり，１つは暴力をふるう主体が明確な「主体的暴力」である。これは，個人的暴力（personal violence），直接的暴力（direct violence）とも表現できるが，ここでは主体的暴力で統一しておこう。英文法の勉強のようだが，この主体的暴力は，主語（S）と動詞（V）と目的語（O）が全部そろっている（S＋V＋O）。例えば，主語が叩いた人，動詞が叩いた行為，目的語が叩かれた人となる。

もう１つは，主体が社会構造にすでにビルトインされていて目に見えない，いったい誰が暴力をふるっているのか，暴力の主体がわからない暴力である。見えないけれども，そのような暴力は，確かにこの世の中に存在している。主語（S）がなく，動詞（V）や目的語（O）がある。そういった暴力を構造的暴力（structural violence）あるいは間接的暴力（indirect violence）と呼ぶ。これら２つの暴力が，この世の中に存在していると，ガルトゥングは提示したのである。

【暴力の定義】

では，いったい，暴力とは何だろうか。

> As a point of departure, let us say that violence is present when human beings are being influenced so that their actual somatic and mental realizations are below their potential realizations.
>
> Galtung（1969）

これは，1969年に発表された「暴力，平和，そして平和研究（Violence, Peace, and Peace Research)」と題された論文の中から抜粋した，ガルトゥングによる暴力の定義である。これを和訳したものをいくつか取り上げて見てみよう。

1つは，ガルトゥングの『構造的暴力と平和』翻訳書の初めの方に出ている。

> ある人に対して影響力が行使された結果，彼が現実に肉体的，精神的に実現しえたものが，彼のもつ潜在的実現可能性を下まわった場合，そこには暴力が存在する。
>
> ガルトゥング（1991)

一度，読んだだけでは，どのような意味か，理解にやや苦しむ部分があるだろう。「下まわった」のような，あまり使わない言葉もある。しかし，直訳すると，そのようになる。では，理解を深めるため，もう1つ，日本語訳を取り上げよう。岡本三夫と横山正樹が編集した『平和学の現在』に紹介されている訳である。

> 人間あるいは人間集団の，身体的あるいは精神的な自己実現の現状（actual realizations）が，その人たちの潜在的な実現可能性（potential realizations）以下に抑えられるような影響を受けているならば，そこには暴力が存在する。
>
> 岡本・横山（1999)

少しわかりやすくなってきたのではないだろうか。ここでは，“human beings”という言葉が「人間あるいは人間集団」と訳されている。先ほどの「下まわる」という言葉については，「実現可能性以下に抑えられる」と表現されている。このような暴力が働いている限り，平和はないとするのがガルトゥングの主張であった。

要するに，どういうことか。「潜在的な実現可能性」と「現実」とがあり，「達成しえたはずの状態」，つまり邪魔されなければここまでできたはずだとい

図8-1　暴力とは（筆者作成）

う状態と「現実の状態」とに格差が存在する。この格差の原因こそが暴力であるとしている。同時に，暴力はこの格差を大きくし，それが縮小されるのに障害となるような形で作用するとガルトゥングは言っている。

それを図に表したのが，図8-1である。ある人が，薄いグレーの分だけ生まれたときに肉体的精神的な実現可能性を持っていたとする。そして，その人が生涯を終えて，実現できたのは濃いグレーの部分だけだったとしよう。潜在的な実現可能性は白い部分まであったけれど，何らかの力が働いて，その結果，実現できたのはグレーの部分のみだった。ガルトゥングは，この黒色で表した部分の欠落に影響を与えたものが，暴力であると指摘するのだ。生涯を終えた時期が早いか遅いかは問題ではなく，実現しえたのがグレーの部分のみであったとき，そこに働いた力，影響を与えたものを暴力であるとし，これが平和の反対に存在するものであると，ガルトゥングは言ったのである。

【消極的平和と積極的平和】

さらに複雑な提示を紹介する。まず彼は，暴力を主体的暴力と構造的暴力の2種類に分けた。それぞれについて，主体的暴力が存在するか，あるいは存在しないか，そして，構造的暴力が存在するか，あるいは存在しないかという4つの組み合わせ，場合分けが確認できる（図8-2）。

主体的暴力／構造的暴力	在	不在
在		消極的平和
不在		積極的平和

本来の理論的分類

図 8-2　消極的平和と積極的平和（筆者作成）

主体的暴力はなくなったけれども構造的暴力は残ったという場合を，ガルトゥングは「消極的平和」と名付けた。そして，主体的暴力が除去されて，さらに構造的暴力もこの世の中から消去された状態において初めて真の平和が訪れると考え，これを「積極的平和」と呼んだ。当然，私たちが目標として歩んでいくべきは，この「積極的平和」である。

【社会構造と暴力】

積極的平和を目指すことが，真の平和だということがわかった。それを考える際には，主体的暴力と構造的暴力という 2 種類の暴力が考えられた。ところが，ガルトゥングの暴力のタクソノミー（taxonomy: 大分類から階層的に小分類に分岐していく樹状の構造を用いる分類）は，その 2 つにとどまらず，さらに広がっていく。先に，具体的な例を挙げてみるとこのようになる。

例えば，平均寿命が先進国では 80 歳ほどである。日本は女性で 85 歳以上になっている。このような言い方は失礼かもしれないが，ずっと寝たきりのままベッドの上で，植物状態で生きておられる方も余命があるとカウントされる。議論の余地があるが，医療が発達したり，あるいは栄養の供給が改善されたりで寿命が延びたということは間違いない。

ところが，同じ時間に同じ地球上で同じ空気を吸っている人類の一員でありながら，50歳で命を落としてしまう人々がいる。なんらかの原因で，同じ病気であっても，その人がいる場所では同じような治療が受けられず，栄養も非常に不足していたため，免疫力が低下し抵抗力も落ちて50歳で亡くなってしまう。こういうケースは多々ある。そのような場合，ここには平均寿命80歳と50歳の差で，30年分の格差がある。ここにも暴力が働いていると，ガルトゥングは定義づけたと考えてもらえればよいだろう。

人の寿命を決定する要因はたくさんある。例えば，物騒な話ではあるが，ある人が射殺されたとする。それが，もし強盗やギャングによって射殺されたということになれば，先ほどのS＋V＋Oで，誰が誰に対して何をやったかがわかっている。個人的な直接的暴力が当てはまる。これに対して，これは不思議なことだが，人を殺すことが合法的となる戦争がある。戦場へ行って，敵の兵士の誰かを打ち倒す。相手が誰だかはわからない。これは，戦争という社会的制度，社会構造に入っている1人の人間の動きである。この人殺しは，制度的にふるわれた直接的な暴力であったといえる。どんなに遠くに弾を打つ人がいようが，そこから弾が飛んできて，その弾に当たって人が亡くなっているなら，因果関係がはっきりしている。こういうものは，制度的な直接的暴力であると考える。

先ほどの例のように，治療可能な病気で命を落としてしまう，つまり，医療施設が不備であったり，日常的に食料が不均等に配分されていて栄養不良に陥っていたり，あるいは薬がなかった場合がある。これは，どういう因果関係で亡くなったり，あるいは殺されたのかがわからない。誰がいったい医療施設の不備を招いているのか。政治が悪いという言葉が出てくるかもしれない。政治というのは，例えば日本では，投票で，民主主義で決定されている。みんなの意思で，その時々の政権が作られることになる。そうすると，誰がそれをやっているのかがわからない。ましてや，先進国と開発途上国の間での，医療施設の不備の差は，誰がそのように仕向けているのだろうか，その因果関係ははっきりとはわからない。

むしろ，先ほど述べたように，すでに社会構造の中にそうしたことがビルトインされて1つの社会構造となってしまっていると考える方がすっきりする。国の税収が少ないから，こういったものができない。したがって，食料も不均等な配分になる。あるいは，宗教・文化的な階級制度があったりして，なかなか下の階級には食料が届かない。上の方はゴージャスで豊かな食事を味わっている。こういった場合は，誰のせいにしたらいいのか，個人的にはわからない。

薬品の不足にも同じことがいえるだろう。先進国と開発途上国では，薬局のあり方が異なっている。この場合には，構造的暴力が働いて，その人は薬を手に入れられず亡くなったということができる。

暴力に起因する死とは異なり，どんなに医療設備が整っていても，どんなに栄養が行き届いていても，その特効薬がまだ開発されていなかったり，手術の方法が未発見だったり，現代の医学の水準ではとても治癒ができない「治癒不可能な病気」にかかって亡くなる場合がある。これは，単なる寿命であり，別に暴力が働いたわけではない。このように，暴力による死と暴力によらない死とを切り分けていくことも必要である。

【暴力の類型】

実は，ガルトゥングは，先ほど紹介した論文の中で，暴力を図 8-3 のように分けている。これが暴力のタクソノミーである。

左上の意図的とは，自分がこの人に対して暴力を振るうぞという意図をもって暴力を主体が振るった場合である。それを意図的な暴力という。ところが，過失として，自分は暴力を振るうつもりはなかったのに，結果的に暴力を振るってしまったという場合は，非意図的な暴力ということができる。

この意図された暴力と意図されない暴力の違いは，なかなか理解しにくい。この「意図された」の概念は，キリスト教倫理の罪の概念と結びつく。たとえ，それが発覚しなくても，自分は非常に罪深いことをした。罪の概念というのは，結果よりも「意図」と密接に結びついている。何でも結果重視を適用していってしまうと，極端に解釈してしまって，何かが起こるたびにすべてのものが構造的暴力の結果だと解釈されてしまう。したがって，それが意図されたものか，意図されなかったものかという分け方も，重要な意味を持ってくる。当然，個人が責任を負うべき意図的暴力は，紛うことなき暴力であることは間違いない。

それから，右上のように，暴力が振るわれているのがあからさまに目に見える明示的な暴力と，目には見えない潜在的な暴力がある。

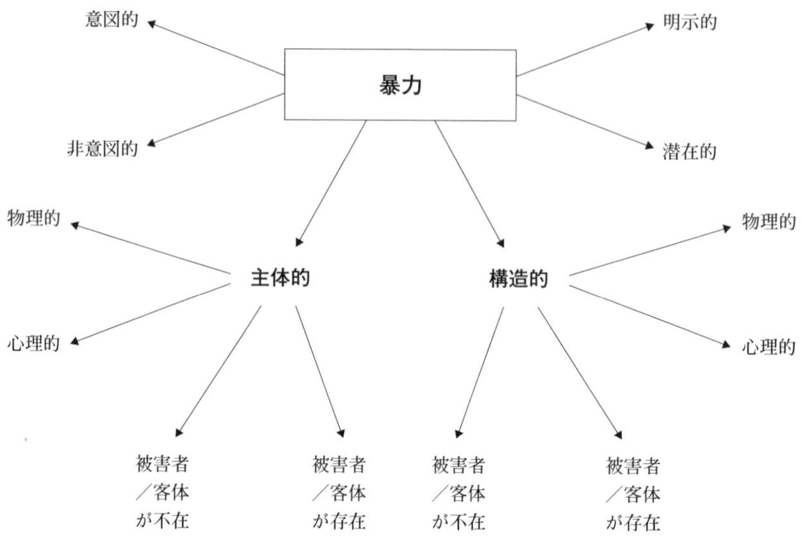

図8-3　暴力のタクソノミー（Galtung, 1969）

それから，真ん中の段には，先ほど一番初めに紹介した，主体的なものと構造的なものの2つの暴力がある。

その左と右の分岐に，物理的なものと心理的なものがある。暴力が体に対して物理的にいろいろ仕掛けられるケースと，感情に対していろいろな形で仕掛けられる心理的な暴力のケースの枝である。ここで1点，ガルトゥングが言ったことで大事なことは，これまで，狭義の暴力概念は，物理的な暴力のみに限定されてきたという点である。例えば，物理的暴力には，投獄する，軟禁する，鎖につなぐなどして人間の移動の自由を制約する暴力が考えられる。飢餓状態で放置するなど，身体的能力を潜在的能力以下に減少させる暴力もある（これを生物的暴力と呼ぶことも可能）。もしくは，少数の人が移動の自由を独占してしまって，大部分の人たちは1つの場所から離れられない，あるいは，離れられても歩くしかなく，移動のスピードがものすごく遅いなど，不平等な交通手段へのアクセスという暴力が働きうる（これを社会的暴力と呼ぶことも可能）。これに対して，心理的な暴力とは，うそ，洗脳，教化，脅迫，威圧といった，精神的な可能性を減少させる行為で，ガルトゥングは，この部分をピックアップして前面に出したのである。このように物理的暴力と心理的暴力を分類したことに価値が存在する。

そして，もう1つ，重要な分け方であるが，樹状構造の下の方に，被害者のいる暴力といない暴力の枝がある。誰かが明らかに暴力を振るっているが，そこに被害者がいない。これは，変だ。こういう目的語（O）のない暴力もあるということを，論理的にガルトゥングは導き出している（詳しくは後述）。これで5次元となる。

この暴力のタクソノミーの図には示されていない分類がもう1つ加わってくる。影響力を積極的に行使する，逆に，消極的に行使するといった区別も，暴力の分け方の一種である。何かをやったときに，罰を与えるぞ，あるいは，価値を剝奪するぞといって脅しをかける場合，あるいは，実際にそれが行われる場合，これは暴力の積極的な行使である。それに対して，何かやったことに対して，名誉を与えたり，褒めあげたり，あるいは報酬を与える。そうすると，人々はどんどんそれをしてしまう。名誉や報酬が欲しくて，相手は自分の意思に逆らってやってしまう。そういう場合は，暴力の消極的な行使という。これで6次元ができあがった。

まとめてみると，暴力の切り分けとして，意図的なものと非意図的なもの（①），明示的なものと潜在的なもの（②），主体的なものと構造的なもの（③），物理的なものと心理的なもの（④）さらに，被害者という客体があったか，その客体がなかったか（⑤）の区別が付いてくる。

【欠落した暴力のS，V，O】

その中で，何かが欠落している暴力こそガルトゥングの議論では重要である。そこでまた，英語の文法の教科書のようにS，V，Oで見ていこう。主体がSで，行為がVで，客体がOである。このうち，どれかが存在していない場合がある。先ほどの切り分けの中の「主体的なものと構造的なもの（③）」，「明示的なものと潜在的なもの（②）」，「被害者という客体があったか，その客体がなかったか（⑤）」がそれにあたる。

例えば，主体がわからないが，明らかに被害者が存在するケースがある。これについては，例えば，ダスグプタの平和ならざる状態のところで紹介したことを思い出してほしい。1970年代にインドを訪れたときに，街中で惨憺たる

表 8-1 欠落した暴力のS，V，O（筆者作成）

	主体	行為	客体
欠落	主体がわからないが明らかに被害者が存在する	行為が見えないがその準備段階にある	客体が見当たらないが，確実に暴力が存在する
顕在化	社会構造にビルトインされた構造的暴力（社会的不公正）	原爆投下1時間前など潜在的暴力	抑止論

光景をいろいろ目にした。実際に，おなかをすかして食べるものがなく，もう少しで死にそうな人がいて，誰がそのような暴力をこの人に加えているのかはわからない。社会構造にビルトインされた構造的な暴力だったわけである。これまで，そうした状態に対しては，社会的不公正という言葉がよく使われてきた。構造的暴力とは，社会的不公正の概念に非常に近いものだと考えてもらえればよいかと思う。表8-1の左の列，主体がわからない構造的暴力が，ダスグプタが言った平和ならざる状態である。

そして，次に，これもおかしなものだが，暴力だというのに暴力の行為がない暴力がある。行為が見えない，ところが実際に，その暴力は本当に振るわれる。その準備段階にあるだけであって，そこには行為は見えないけれども暴力は存在する。ガルトゥングが例に挙げているのは，広島に原爆を投下しようとして，飛来した爆撃機である。投下の1時間前，刻々と秒読みをしながら，原子爆弾を一定の地域に到達したら必ず投下するという目的をもって爆撃機は飛んでくる。原爆そのものが潜在的暴力の塊であって，それを抱えて飛んでくる途中ではあるがまだその段階では原爆投下の行為そのものはない。準備段階にあって，今，見えない。ところが，そこには暴力が存在している。

さらに，右端の列のように，暴力がふるわれているというのに，それをふるわれている被害者がいない場合がある。そんなものがあるのだろうか。これについては，ガルトゥングは，大変具体的な面白い例を挙げている。いたずらっ子が，河原で，自分の周り中に石をポンポンと続けざまに投げている。誰かがその子のところに近寄りたいけれど近づけない。石が当たったら痛いからだ。それでも自分の周り中に投げ続けている。このように，「石に当たって痛い」という暴力の結果が実際には導かれるということはないので，当然，被害者は存在しない。具体的な「痛い」という暴力は存在しないけれども，そこに来さ

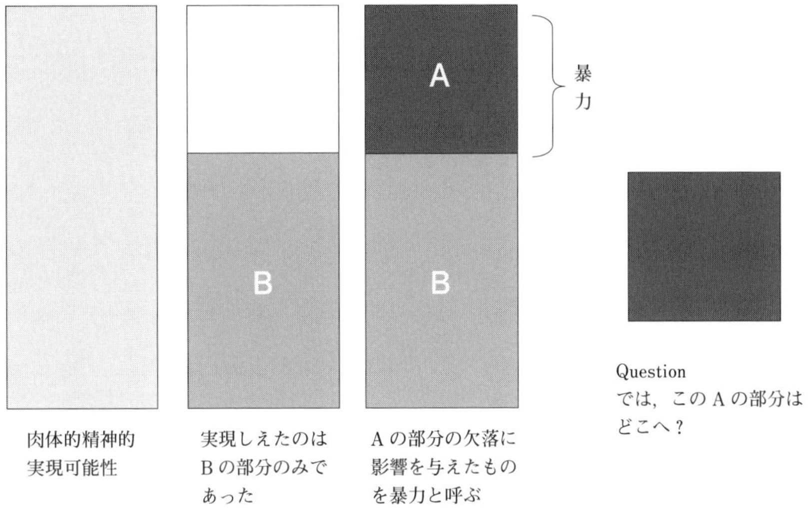

図8-4　失われた暴力の果実はどこへ（筆者作成）

せないという暴力は働いているのではないかと言うのである。

実は，国際社会における安全保障の抑止論がこれにあたる。とにかく自分が兵器をためこんで，来たら打つぞという形にしておいて，相手の攻撃を未然に防ぐ。こういう考え方が抑止論である。それを核兵器で行えば，核抑止論ということになる。誰かが自分の国を攻撃したら，それを上回る被害を与えるような核兵器で攻撃し返すと宣言して，オートマチックに核兵器が発射される状況まで作り出している。今のところ被害者はいないけれど，もし，ひとたび暴発すると暴力である。

このような，S，V，Oがそれぞれに欠落している形での暴力も存在していて，そのどれ1つをとっても大きな問題であるということを，ガルトゥングはこの暴力の分類の中で主張したのである。

【失われた暴力の果実はどこへ】

ここまで，6次元にわたる暴力の分類をしてみた。そこで，1つ，先ほど要約して示した暴力の図に，気になることが出てくることがわかるだろうか。図8-4の黒い部分，潜在的な実現可能性，すなわち，暴力があったために実現で

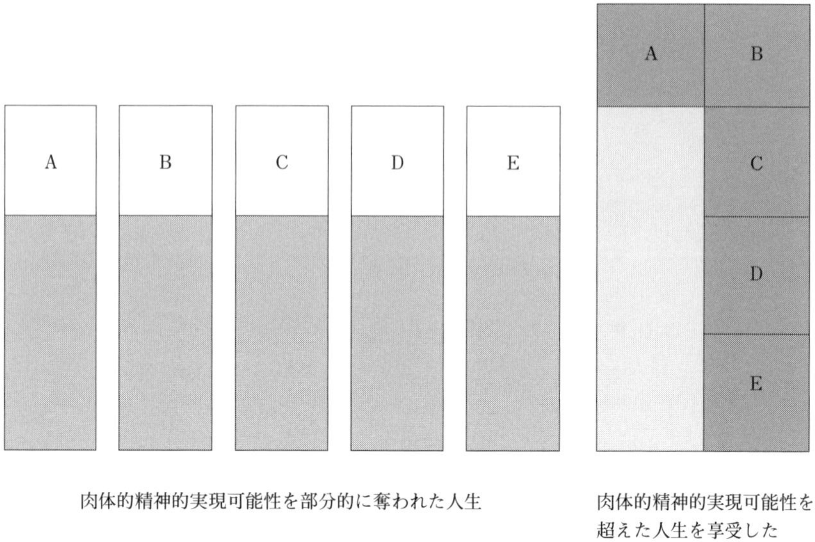

図 8‒5　個人間の零和的（ゼロサム）解釈（筆者作成）

きなかったものは，いったいどこへ行ってしまったのだろう。それは実現されないままに，消えうせてしまったのであろうか。いろいろな解釈の仕方ができると思う。

ガルトゥングが直接答えているわけではないが，1つの例として，図 8‒5 のように，ゼロサム的な解釈の仕方ができる。右側に5つ，人生でいうと5人が白い部分が取り去られて，濃いグレーの部分だけの人生を送っている。その5人からの白い部分の和が左側の1人に集まる。つまり，その分，この人は自分の肉体的・精神的実現可能性を越えた人生を享受する。こうなると，増えた部分と減った部分が同じだから，ゼロサム的になる。しかし，社会というのはもっと複雑な形をしているので，そう簡単にはいかない。ただ，このような，必ずしも個人個人ということではなくとも，世界全体としてのゼロサムの捉え方も可能だろう。

一方，構造のゼロサム的解釈をすることもできる。図 8‒6 右側の一番上の方に，ものすごく物質が豊富に溢れているところがある（第1層）。例えば，日本などはあまった食料を捨てている。そのような社会があって，そこで豊かに

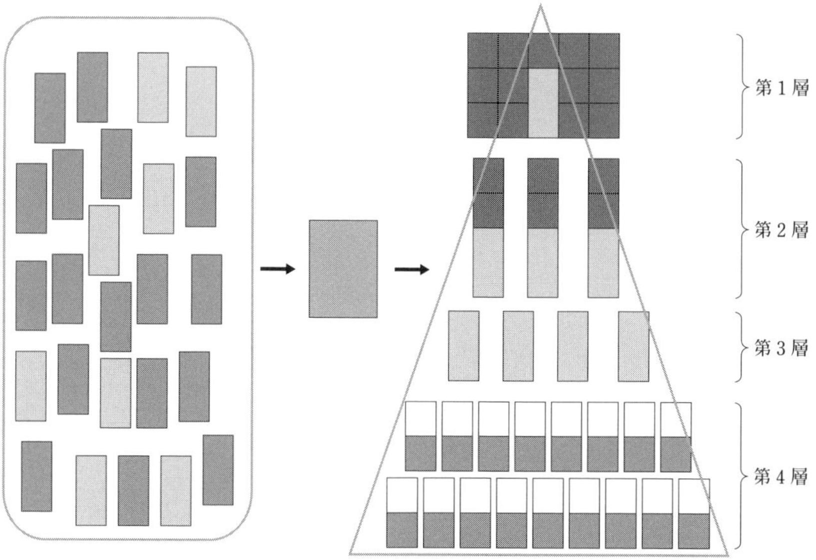

図 8-6　構造のゼロサム的解釈（筆者作成）

人生を終える人がいる。真ん中には，今まさに先進国になろうかと勢いがついてきたところがあり（第 2 層），そして，その下に従来なかなか振るわない国々がある（第 3 層）。もっと下の方にいくと，今度は逆にどんどん貧窮化，困窮化し，債務などが増えていく国々がある（第 4 層）。非常に粗い図であるが，このようなイメージの描き方がおそらくできるのではないだろうか。

つまり，ある種の暴力の影響を受けてしまって実現できなかった部分を，極めて即物的，物質的なものだと解釈してみると，図のようなイメージと考えることができる。これがもっと精神的な実現可能性や人格的な開花ということを言い出すと，こういった図はなかなか描けない。

この図の濃いグレーの部分，奪い去られたものはどこに行ったか。これについては，ガルトゥングは述べていない。マルクス主義だと，これに近いものを搾取（exploitation）という言葉で呼んでいる。ガルトゥングは，搾取という言葉は，あまりにも政治的で感情的だとして，この言葉の使用について注意を促している。この言葉は，暴力現象を個人的性格に向けてしまって，暴力の構造的性格を隠蔽してしまうと考えたのである。せっかく社会構造にビルトインされた構造的暴力という概念を持ち出して，これこそ戦わなければならない平和の最大の敵であると言っているにもかかわらず，それをゼロサム的に解釈して搾取であると言ってしまったならば，この概念が台無しになってしまうと述べている。

【構造的暴力概念への批判】

このガルトゥングの構造的暴力概念については，実証不能な概念であるとの指摘が，非常に多くなされている。ある批判論文では，読んだときに私も思わず笑ってしまったが，「構造的暴力とはガルトゥングの嫌いなものすべてである」と書いてあった。何でも構造的暴力といっておけばよいではないかということに使われてしまうぞという批判である。

ガルトゥングが唱えた構造的暴力については，今，述べたような，いわば直感的な批判が多くなされている。私が考えるところでは，この欠点は，現実分析の結果が非常に静的なものという解釈に終わってしまい，今あるものを切り取って分析対象としてしまったところに１つの欠点がある。これと深く関連しているが，２番目に，因果関係の考察を欠いている点が挙げられる。こういうことだからこうなるとはいうものの，ちょうど真ん中を切り取っただけである。因果関係の考察を欠いているとどうなるかというと，それを無くすにはどうしたらよいか，除去するにはどうしたらよいかについての具体的な戦略の検討を困難にしてしまうのである。３番目は，大きな欠点にはならないかと思うが，構造的モデルに執着するあまり，少し無理があるような分類もあった。極度に単純化，あるいは部分化がなされている。単純化・部分化されたものが，全体に適用されてしまうおそれが存在している。この３つの点が，いわば，ガルトゥングの打ち出した構造的暴力概念の欠点として挙げられる。

ただ，こうした欠点を持ちながらも，ガルトゥングは，1969 年に，構造的暴力という概念を世の中に打ち出した。計量的な実証はできないが，これこそが，認識を助ける概念であるという重要な指摘がある。つまり，「平和ならざる状態」という言葉が世界中の平和研究者を驚かせたように，この構造的暴力も，実証はできないけれども，世界はおそらくそのように成り立っているのであろうという人々の認識，考え方を非常に助ける概念であるとの指摘だ。その

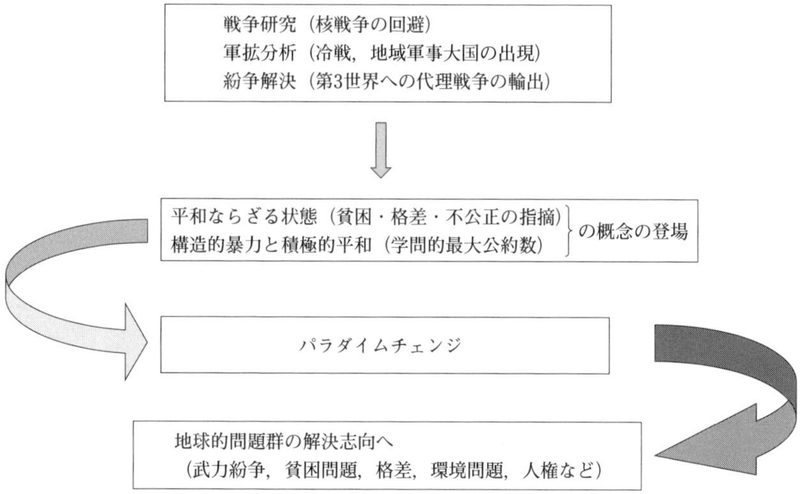

図 8-7　平和学：先駆者たちから学んだその歴史（筆者作成）

暴力の反対こそが平和であると述べているのである。

そして，ガルトゥングは，その後，封建的な経済構造などに議論を進めていく。さらに今日では，文化的暴力という概念も使い始め，紛争をどう解決したらいいかというときに，「超越法」（transcend）という方法を持ち出して，NGO を創設し紛争の解決に実際に当たっている。

【パラダイムチェンジのインパクト】

では，図 8-7 を見ながらこの講での議論をまとめてみよう。平和の反対概念は単なる戦争ではない。平和対戦争，戦争対平和ということではない。状態としては，「平和ならざる状態」である。私は，当時のインドで「平和ならざる状態」を目の当たりにしたわけである。これまでの平和学は，もっぱら，主体的・直接的・制度的暴力である戦争，あるいは武力紛争を扱ってきた。つまり，暴力の一面のみを扱ってきた。しかし，その研究の成果として，仮に戦争や武力紛争，あるいは直接的暴力・制度的暴力が除かれても，それは消極的な平和にすぎない。真の平和というのは，構造的な暴力が除去されて初めて完成する積極的平和に他ならないことがわかってきた。

しかし，100 パーセントそうだというふうに，極端に学生の皆さんは考えがちだが，そうではなくて，状況に応じて徐々にこの積極的平和の形になっていくような分析の仕方，考え方をしてもらいたい。多少は残っている，それでも前よりはましであるとの思考である。

講義の最初の方で述べたように，平和の概念あるいは平和の意味は，時代によって，文化によって，個人によって，さまざまに異なっている。それでよいのだ。私は，平和はこういうものだと思う，私は違う，むしろこうだと思う，それで結構である。皆さん１人１人が平和を自分で定義して，自分の心の中に持っていてよい。

ところが，学問的に平和という問題を扱うときには，何か１つ合意が必要だということを，講義の最初の方で議論した。実は，この構造的暴力の除去は，先ほど述べたように，40 年も 50 年も前の概念だが，現時点での平和に関する学問的合意の最大公約数となる。もちろん，これではないという人もいるが，平和学をやっている研究者たちの多くが，平和とは構造的暴力の不在の状態を指す「最大公約数」だという意味合いがある。この講義でも平和ということをいったなら，構造的暴力まで除去されたもの，それが真の平和なのだと思ってほしい。

第9講
平和学の制度化

この講では，平和学の制度化の流れについて議論したい。平和学が制度化されていくプロセスには，研究面，教育面，行動面があり，これらが互いに緊張関係にある。研究面については先駆者たちの業績を通じて考えてきた。ここではまず教育面で平和学がどのように講じられるようになっていったのかを見てみよう。そして，行動面については，実学としての平和学がどのように国際社会の変化に影響を与えたのかについて，冷戦の終焉を事例に考えてみよう。

【研究面での制度化】

そもそも，パラダイムチェンジが起こったすぐ後，1970年代の初頭に，アメリカで平和学と名の付く学部向けのクラスは，10校程度の大学が置いていただけであった。ところが，70年代を通じて，たった10年間で，アメリカの平和学のクラスは，その10倍，100講義を超えた。それと同時に，平和学を専攻とする大学もいくつか現れた。アメリカでは，70年代に爆発的にこのような教育の制度化がなされたと言える。

イギリスの方は，1973年，クエーカー教徒のイニシアティブで，イングランドの中部にあるブラドフォード大学に，英国で最初の平和学のポストが置かれた。ブラドフォードの平和学は，その後数年で，世界でも屈指の平和，安全保障，紛争解決，あるいは社会変革の研究教育センターに発展する。私もここを訪れたことがある。大変こぢんまりとした大学で，平和学のセンターもそれほど大きなものではないが，ここで平和学の学士号，修士号，博士号が出されている。世界中から，また日本からもずいぶん留学生が行っている。また，イギリスだけでなく，紛争や多くの問題を抱える北アイルランドでも，アルスター大学に同様の講座が開かれている。

アメリカでは大学で平和学を教えることになったのに比べて，ヨーロッパ大陸ではむしろ研究所がどんどん開かれていく形をとった。1970年にはタンペレ平和研究所（Tampere Peace Research Institute），ドイツで最初のフランクフルト平和研究所（Peace Research Institute Frankfurt）が開設されている。71年にはドイツ科学評議会（German Science Council）によって，ハンブルグ大学に平和研究及び安全保障政策研究所（Institute for Peace Research and Security Policy）が創設された。同じく71年に，ウプサラ大学に平和紛争研究学科が開設された。ここの付属研究センターは，毎年，武力紛争に関するデータセットを更新して雑誌（*Journal of Peace Research*）にそれを掲載することで有名である。それをもとにして，世界中の平和年鑑が紛争についての記述を行っている。そのため，ウプサラ大学は今日でも名声を得ている（詳しくは第10講を参照）。そして同様の学科は，イェーテボリ（Göteborg）やルンド（Lund）にもできている。同時にイェーテボリでは平和開発研究所（Peace and Development Institute），ルンドではルンド平和研究所（Lund Peace Research Institute: 1989年に閉鎖）が立ち上がった。

これを見ると，どちらかと言うと北欧を中心に，こうした研究所が盛んに開設されたことがわかるだろう。こういった研究所ができあがってくるのとともに，これを組織化して，国際的な地域で研究学会，あるいは評議会のスタイルができてくる。1974年に，ラテンアメリカ平和研究評議会（Latin American Council on Peace Research）や，アジア平和研究学会（Asian Peace Research Association: APRA）といってアジア全体を統一した組織が創設された。1973年には，日本平和学会が創設されている。

1970年代の特徴は，すそ野を学士課程の教育の充実に広げたことである。先ほど述べたように，修士号，博士号まではなかなか至らないが，学士号のクラスは増えていった。研究課題も，広大な新地平をパラダイムチェンジによって切り開いた。

【行動面での制度化】

1980年代に入ると，平和学の3本柱と言われている研究・教育・行動の，行動の部分が活性化していく。学問によっては，研究だけで机の上にへばりついていたり，あるいは実験室にずっとこもっていたりするものもある。教育が最も重要だと考えている学問もある。平和学の場合には，実学としての活動がなければ，研究をやった意味がない，または，教育をする意味がないと言われる。3本柱の実学たるゆえんの行動の部分が，1980年に入ると活性化してくる。

当時，アメリカとソ連の間の核兵器の軍拡競争が，大変な勢いでどんどん激化していった。それに関心を寄せた市民が，世界中の各地で反核運動を組織化していった。そして，デモンストレーションや大会など様々なものを開催して，それがまた研究にフィードバックされ，教育にも還元される。このような循環を1980年代に作り上げたのである。

そのような行動から刺激を受けて医学方面では，日本語に訳すとおかしな名前だが，「社会的責任を果たすための医師団（Physicians for Social Responsibility: PSR）」という1つのグループができた。その医師たちは，自分たちには医学的な社会的責任（social responsibility）があり，核兵器を拡散させてはならないと考えた。それがさらに大きくなって，「核戦争防止国際医師会議（International Physicians for the Prevention of Nuclear War: IPPNW)」となった。これは国際（international）が頭につき，はっきりと核戦争（nuclear war）を阻止する（prevention）医師の集まりということを表明している。1985年にはIPPNWがノーベル平和賞を受賞した。彼らは，核兵器だけでなくチェルノブイリ原子力発電所事故や福島第一原子力発電所事故などにも医学的見地から積極的にレポートを発表したり，独自の声明を出したりしている。芸術家たちも，それにならって立ち上がった。「社会的責任を果たすための医師団」とまったく同じ名前で，「社会的責任を果たすための芸術家団（Artists for Social Responsibility)」という組織ができた。こういう組織に似た運動は，反核，軍備管理，軍縮といった運動を盛り上げようと，次々に世界中で組織されていく。これが80年代の大きな特徴である。日本でも，80年代に数が増えていった非核自治体，非核宣言都市がある。

【教育面での制度化】

同時に，教育現場では，初等・中等教育，つまり小学校や中学校にまで反核教育が行われることになる。その際に，小学校や中学校の先生のリカレント教育（再教育）がなされた。核に関する知識や核兵器に関する知識，あるいは核戦争が起きたらこうなる，それはこのようにして止めなければならないといった再教育も盛んになされた。ただ，残念なことに，例えばアメリカでは，この反核教育を行った小中学校の先生たちが，政府からある種の弾圧を受けるようなことも起こった。

この時期，平和学は平和教育，平和研究，平和論という言葉で，いろいろなところでなされていたが，法学教育，経済学教育といった教育とは違って，統一されたカリキュラムがなかった。これだけは最低限教えなければいけないという一致したカリキュラム，あるいは「平和学とはこういうものを教える」というシラバスがなかったのである。

そこで，この時期，それを標準化する努力が積み重ねられていく。70年代から始まったその成果として，『平和と世界秩序研究：カリキュラムガイド（*Peace and World Order Studies: A Curriculum Guide*)』が1973年に出版される。私も持っているが，ものすごい厚さで386ページも費やして，平和学のカリキュラムを紹介している。

同時に，1987年には，カレッジや大学レベルで平和学プログラムを発展させるために，平和学協会（Peace Studies Association）が設立される。これによって，今述べたような，さまざまな教育上の整備が一層進んだ。こうして，研究や教育の成果が行動面にどんどんと取り入れられていったと言える。

【戦略研究への揺り戻し】

ところが，核の軍拡競争が激化する時代背景から，70年代にせっかくパラダイムチェンジした平和学の領域は，再び，核戦争，国際安全保障の方に，より焦点を定めることになっていく。せっかく貧困や人権まで地平が広がったのに，それがもう一回先祖返りするように，核戦争の方に流れが戻って行ってしまった。ただ，幸いなことに，平和学者のすべてがこの傾向に賛同したわけではなく，主流がそちらに移ったということである。こうした傾向に反対を唱えた人たちもいた。この流れでは，せっかく獲得した平和学の特性が失われてしまう，むしろ，戦略研究や国家安全保障を含みこむ，国際関係論の単なる一部分として，平和学が位置づけられてしまう可能性があることを心配したわけである。

さらに，パラダイムチェンジをもたらした第三世界からは，再び異議が唱えられる。せっかくパラダイムチェンジをして，平和学の地平に暴力や貧困を持ち込んだのに，こうした戦略研究的なことをやりだすと，元の木阿弥で，権力や軍事力といったパワー・パラダイムを中心にした研究に戻ってしまう。そうすると，国家という単位や軍事的な脅威を過剰評価してしまう。しかも，そうしていくと，エスノセントリック，あるいは，自分の国家中心になってしまう。自分の国家さえ安全が保障されれば，他はどうでもいいという考え方を助長する。そうなれば，第三世界は世界システムから切り離されて取り残されてしまう。それは困ったことである。だから，もう一度平和ならざる状態や構造的暴力の概念が世界を変えたパラダイムチェンジの段階へ戻ってほしい。なぜなら，紛争は第三世界でも起きている。核戦争ではないけれど，そうした紛争では，随分多くの人が傷つけられたり亡くなったり，あるいは紛争によって孤児が生まれたりということがある。国内の脆弱性や，開発が必要だとみなされていないことから，あるいは，文化や宗教が異なる人たちが1つの国家の中に押し込められていることから，紛争は起こされている。これをまともに正面から取り上げていかなければ，なかなか世界から暴力の問題はなくならないというのである。

【非暴力闘争と市民防衛】

そのために，開発問題を平和学の主流に押し上げようとする流れがあったが，なかなか実現をみなかった。ただ，1980年に開かれた国際連合教育科学文化機関（United Nations Educational, Scientific and Cultural Organization: UNESCO）の第1回軍縮教育世界会議では，世界の軍事化に対するオルタナティブ（別の選択肢）として，もう1つの発展の仕方が必要であるという認識が共有されたことには大きな意味があった。

そして，究極的に戦争で示される暴力に対して，紛争解決，あるいはその要求の実現のために，暴力をなんとか違う方向に転換する方策はないかという研究もこの時期になされた。ジーン・シャープ（Gene Sharp, 1928–2018）は，非暴力的闘争，あるいは市民防衛（civilian defense）という分野の研究を深め，『非暴力の政治学（*The Politics of Nonviolent Action*）』（Sharp, 1973）という書籍の3部作を刊行する。彼がこうした努力を重ねたこともあり，1983年にはこうした研究のために，アインシュタイン研究所（Albert Einstein Institute）が開設された。軍事力によるだけではない，非暴力的な闘争，市民防衛という考え方は，徐々に北欧やドイツ，イギリスにも広がって，同様の研究が始まっていく。

ここが実学たるゆえんであるが，ちょうどこのころ，80年代半ば以降，89年には「ヤルタからマルタへ」のフレーズのように冷戦が終結する。それとともにソ連が解体し，東ヨーロッパの民主化の動きが加速する。とりわけ東ヨーロッパでは，このシャープが書いた書物が，実は，当時の市民革命の教科書になったと言われている。みな，この本を一生懸命に読んで，東欧ではカラー革命が起こる。

セルビアでは，オトポールといって，レジスタンスという意味の運動が展開された。その教科書がシャープの書いたこの本であり，この本に従って非暴力運動を展開して，民主化を成し遂げたと言われている。フィリピンでも，ピープルズムーブメント，ピープルズレボリューション，ピープルズパワーなど，いろいろな呼び方がなされている革命があった。これも実は，暴力的にピストルなどを撃ちあってやるものではなく，市民たちが非暴力で，デモなどで１つの政権をつぶした。これにもシャープは非常に大きな影響を与えた。

この時期には同時に，紛争解決の仲介者に関する研究もさかんになされた。国際関係の分野では，ジョン・バートン（John Burton, 1915–2010）がいる。この人は実務家としてもよく知られた人で，外交官としてさまざまな業務に携わっている。彼は「制御されたコミュニケーション（controlled communication）」と名付けられた手法を開発した。この手法は，心理学者のハーバート・ケルマン（Herbert C. Kelman, 1927–現在）によって問題解決ワークショップ（problem-solving workshops）に発展し，紛争解決研究に熟達した専門家を仲介者として，紛争している同士を紛争解決の方向に持って行くということが研究され実践に移された。

【研究・教育・行動面での定着】

さらに，80 年代には，各国政府は平和教育の意義を認め始めて，次々と先に挙げたような研究所や研究機関を設立させていく。1980 年設立の国際連合コスタリカ平和大学は，今でも続いている平和研究に関する大学である。以降，オーストリア，カナダ，デンマークで，同様の研究機関が設立されていく。1979 年にソ連で平和開発科学研究評議会が立ち上がると，面白いことに，東欧のブルガリア，ハンガリー，チェコスロバキアにおいても，これをあたかもまねるように同様の機関が設立される。

そして，UNESCO が，このころから本格的に平和研究のカリキュラム作成を始めた。つまり，国連の教育科学文化機関が平和教育を認め，そのカリキュラムはこうあるべきだということを国連の内部で検討し始めたのである。こうして，平和学が教育面あるいは行動面でどんどん定着をみせていく。

では，日本での平和教育はどうなっていたのだろうか。岡本三夫は，『平和学：その軌跡と展開』（岡本，1999）の「日本の大学における平和学関連講座の現状と課題」（324–355 頁）の中で，数回にわたる日本国内の大学宛てのアンケート調査の結果をまとめている。やはり，日本も70年代，80年代から，続々と平和学を講義する大学が増えてきたと書かれている。詳しく書かれているので，ぜひ皆さんも手に取ってご覧になるようにお勧めする。単に平和学と名乗るだけではなく，平和論あるいは平和研究というさまざまな名前で日本の中で講じられてきた。そういった名前を用いないでも，実は国際関係論の中で，実質的に平和学を講じていたものもある。岡本はこれを「ヤドカリ平和学」と呼んでいる。こういったものも合わせると，割合，早い時期から，日本の大学もこうした流れに乗って平和学が展開されてきたことが理解できる。

【20世紀の意味】

ここまで，平和学は，研究ばかりではなく，教育面や行動面に定着していく，実学であったことを述べてきた。では，ここで，1945年に終結した第2次世界大戦後の世界で，平和学と関連した主だった出来事はどのようなものだったのか，少しおさらいをしておこう。

まずは，核時代が到来したことである。これは非常に大きな出来事であった。広島，長崎に原子爆弾が落とされ，それ以後，アメリカとソ連を中心に，凄まじい勢いの核軍拡競争がなされた。アメリカとソ連は，実際には互いに戦闘をしなかったが，対峙した状態であったので，「冷たい戦争」，あるいは，「冷戦」と呼ばれた。ちょうど大西洋を挟み，ヨーロッパを分断して東と西に分かれたため，「東西冷戦」とも呼ばれた。その間，アメリカとソ連は実際に干戈を交えなかったのだが，世界中の至るところで代理戦争（proxy war）を展開する。つまり，どこかの国とどこかの国が戦争をしたり，あるいは，国内で内戦をしたりするが，その背景には，多くのケースでアメリカとソ連が関わっていた。この代理戦争の最も大きな例は，中国の国共内戦，すなわち中国共産党と国民党との争いである。それから，朝鮮半島で南北に分かれて戦った朝鮮戦争がある。これは1950年に勃発し，1953年に停戦協定（または休戦協定）が結ばれたが，実は，まだ戦争状態は続いている。そして，長年にわたって戦争を続けたベトナム戦争は，1975年に北が勝利して南北が統一された。また，1962年，フィデル・カストロ（Fidel Castro, 1926–2016）やエルネスト・ゲバラ（Ernesto che Guevara, 1928–1967）で有名な，カリブ海にある社会主義の国キューバに，ソ連が核ミサイルを配備しようとして，それを阻止しようとした当時のケネディ政権（アメリカ）との間で，あと一歩で核戦争になるかの瀬戸際までいくキューバ危機が生じた。これが戦後の世界の大きな出来事である。

同時に，第三世界と呼ばれる当時植民地であった国々が次々と独立して主権国家になり，国連に加盟して，さまざまな場面で自国の意見を述べるように変化していった。1960年だけでも，アフリカ大陸で17もの国が独立した。

そして，この頃から意識されるようになったのが，「資源は有限である」との考え方である。民間組織ローマ・クラブが1972年に発表した報告書『成長の限界』（メドウズ他，1972）の中で，資源は有限であり，このままでは人類の危機が訪れると警鐘を鳴らした。それまで，人類は，この地球にある資源は無限であり，使い放題やっていけばいいと思っていたが，この報告書によって世界は驚き，地球の将来に不安を感じたのである。また，あまりにも激しい経済開発や，環境に対して思慮の足りない開発を行ったために環境問題が発生し始めたのもこの1970年代である。第三世界が独立し，自分たちの立場をさまざまなところで発言するようになって，南北問題が意識されるようにもなっていた。

一方，先進国の方では，1975年のヘルシンキ会議で，すでに，後のOSCEとなる欧州安全保障協力会議（Conference on Security and Co-operation in Europe: CSCE）が設置されている。これは，アルバニア以外の当時の東西両陣営のすべてのヨーロッパの国々が参加して，ヨーロッパの安全保障をどうするかについて話し合う国際会議である。また，『平和学入門2』で触れるが，協調的安全保障という，1つ上の段階にヨーロッパが入った記念すべき年であった。第三世界が声を上げ始め，南北問題が表面化したり，ベトナム戦争が終結したこのころ，すでに，ヨーロッパでは協調的安全保障の段階に進んでいたのである。

そして，「ヤルタからマルタへ」である。マルタ島沖の船上で米ソ両首脳が会談して，冷戦の終焉を宣言した。この影響で，ソ連が崩壊し，東欧のカラー革命が起こってくる。同時に，ヨーロッパでは，EUという1つの組織が深化，拡大していく。さらに，2001年には，9.11という，それまでとはまったく違うテロが登場する。それを受けて，ジョージ・W. ブッシュ大統領（George W.

Bush, 1946–現在）はアフガニスタン戦争，イラク戦争に踏み切っていく。

また，経済の方を見ていくと，BRICs（当初は Brazil，Russia，India，China）の国々が，それまでの先進国に代わって，どんどん経済的な力を付けてきた。平和学に関連した大きな流れを戦後史の中で取り上げるとこのようになる。

ここまで述べた出来事の背景には，大きな潮流があった。それは，科学技術の発達である。20世紀というのは異様な世紀である。科学技術の発達に関しては，それまでの人類のどの世紀とも比べものにならないほどの，幾何級数的な発達をした（第12講参照）。

また，主権国家だけではなく，NGOや国際組織，多国籍企業などが，国際的アクターとして活躍するようになった。それまで，主権国家だけが国際社会の主人公だと思われていたが，多様なアクターが国際的な場での発言権を持ち始めたのである。自分たち市民も，組織を作って発言し，さまざまな圧力をかけていけば，社会を動かし変えることができるのだと考え始めたのである。

第三世界にあっては，エンパワーメント（能力の向上）と呼ばれる動きが見られた。これまでのように，借款の援助によって大きな箱モノを作り，国の借金をどんどん膨らませていくのではなく，1人1人の，個人の能力の向上に対して，援助や支援が差し向けられるようになってきた。それから，ジェンダーバランスも，さまざまなところで意識されるようになった。

実は，これらは先進国側の「援助疲れ」という言葉と一体の面がある。民主化，あるいは，ガバナンスのあり方が世界中で問われている。民主化されていなければ，あるいは，国の統治がうまく行っている状態（グッドガバナンス）でなければ援助は行わないと，先進国が言い始めたのである。もう随分援助をしているのに，第三世界はなかなか経済的に自立できない。その上，東ヨーロッパなど，それまで援助の対象ではなかった国々が，資本や技術が不足している「被援助国」として登場してくる。一方，先進国は不況などで国家予算はどんどん細るばかりで，そうなってくると援助先も選ばなければならない。その選択のときに，どのような基準を用いるのか。ここで「民主化」「ガバナンス」という言葉を使い出したのである。

同時に，気候変動の問題が出てくる。人類の経済活動のために，地球の気候が変動しているのではないかという疑問が持たれて，それを証明するさまざまな現象が起きてくる。先ほど述べたような，戦後の世界の大きな出来事の背景あるいは底には，このような潮流があったのである。

【平和学が冷戦の終焉に与えたインパクト】

平和学が実学であることの証左として，よく言及されるのが冷戦の終結である。冷戦は1989年に終結したと一般的に考えられているが，これに平和学が大きな影響を与えたことが，さまざまな場面で指摘されている。ソビエト連邦の最高指導者ミハイル・ゴルバチョフ（Mikhail Gorbachev, 1931–現在）の政権は，「新思考」の政策を打ち出した。この新思考政策を打ち出した母体は，世界経済国際関係研究所（Institute of World Economy and International Relations: IMEMO）という，モスクワにあるソ連最大のシンクタンクである。そして，その新思考の政策がソビエト外交で実際に展開されたと言われている。

新思考とは，具体的には，アメリカとソ連を中心とする東西対立を解消しようとするものである。つまり，2国が対立しているために無駄が多い。その無駄の一番大きなものは，核軍拡競争である。お金ばかりかかり，危険なものを積み重ねていく。それがよいわけがない。であるならば，まずは，この対立を解消して，核軍拡に歯止めをかけようではないか。このようなことを一連の外交の中で展開したものを「新思考外交」と呼ぶ。「平和外交」と言ってもよいかもしれない。

【新思考外交の背景】

それまでのソ連がとってきた外交は国際法の制限主権論を骨子とし，当時のソ連の指導者ブレジネフ首相（Leonid Il'ich Brezhnev, 1906–1982）の名前から，ブレジネフ・ドクトリンとも呼ばれた。集団安全保障機構であるワルシャワ条約機構を形成していたソ連は，社会主義のイデオロギーを世界中の政権の大勢にする最終目的のために，東欧の1カ国1カ国の主権に一定の制限を加えようとした。つまり，ソ連，東欧といった社会主義国全体にとって利益にならないことはやってはならない，これが制限主権論の意味である。ソ連は，この制限主権論を発揮して，1968年のチェコスロバキアの民主化運動「プラハの春」を軍事介入でつぶしたのである。

その逆に，新思考外交では，制限主権論を否定し，東欧を民主化して，東西両ドイツの統一を容認した。また，ソ連軍をアフガニスタンから撤退させ，こうした東西に刺さった棘のようなもの，対立点を1つ1つ解消していき，東西の手を結ばせたのである。個々の棘が解消されたことをもって，核兵器の削減交渉を進展させる。これが新思考外交であった。この新思考外交の登場に影響を与えたのが，西側の平和学者であったと言われている。参考文献として，高柳先男が2000年に著した『戦争を知るための平和学入門』（高柳，2000，19–20頁）と，英文だが，Heikki Patomäki, "The Challenge of Critical Theories: Peace Research at the Start of the New Century"（Patomäki, 2001）を挙げておこう。『戦争を知るための平和学入門』の最初の方には，新思考外交に関わる話が書かれている。これらをぜひ参照してみてほしい。

新思考外交がどのようにこれらの文献の中で書かれているのか，もう少しかいつまんで述べておこう。当時，オスロ国際平和研究所（Peace Research Institute Oslo: PRIO）のような平和学研究所や平和学系のシンクタンクから資料が出されても，アメリカや西側諸国の国会議員や外交官などにはほとんど読まれずに無視された。ところが，モスクワでは，IMEMOに代表されるような機関の若い研究者たちが，PRIOやSIPRIなどから出される論文を一生懸命に読んで，自らのものとして消化し，それが新思考外交の基盤をなした。つまり，和解をどのように成し遂げていくかという方法論を，西側の平和研究所の学問的な成果から，ソ連の若い研究者たちが学んでいたのである。それを実践に移す道として，パグウォッシュ会議（第11講参照）にも彼らは参加して，こうした国際的な平和コミュニティから強い影響を受けた。この点は，包括的核実験禁止条約（Comprihensive Nuclear-Test-Ban Treaty: CTBT）と戦略防衛構想（Strategic Defense Initiative: SDI）の事例研究でも強調されている（Evangelista, 1995）。

もちろん，このような動きに対して，軍部の主流派や共産党の保守派，あるいは軍事産業関係者から強い抵抗があった。アメリカで大いに言われている軍産複合体は，実はソ連にもあった。「アメリカと融和するなど，とんでもない，われわれ社会主義のイデオロギーを忘れたのか」と批判を浴びた。

ところが，ゴルバチョフが政権を取ると，こうした平和学の影響を受けた人々を抜擢して，外交のさまざまな要職に就けた。彼らの思考回路は，西側の平和学研究所の成果に裏打ちされて完全に変わっていた。そして出されたのが，新思考と名付けられた外交だったのである。

実に皮肉なことに，新思考外交政策が出されたために，国内的には下からのさまざまな運動が惹起された。それは右から左まで，保守派から改革派まで含めて，大きな力となって，政権の根幹を揺るがすところまで到達して，1991年のソ連崩壊まで一気に進んでいった。それまで，制限主権論のもとでソ連ががっちりと握っていた東欧諸国は皆，ソ連に背くような形で，東欧革命，民主化を成し遂げていく。

【平和学への冷戦終焉の影響】

今度は逆に，冷戦終焉の平和学への影響について見ていこう。1989年に冷戦終結の宣言が出された後，ソ連が解体され，東欧諸国が民主化される。これが，平和学に対して，どのような影響を与えたのだろうか。

平和学は，核戦争の回避が大きなテーマであったから，その最も危険な部分であった東西両大国間で和解が成立し，東西冷戦が終結したとなると，もう，その心配をする必要はないと，ある程度，言うことができる。そうなれば，国家の政策の名のもとに平和研究に予算を投じる必要はない。むしろ，残っている核兵器を使うことになると困るので，まだまだ戦略研究に大きな予算を使った方がよいではないかとなる。このようにして，実際に，平和学関連の研究費は削減の危機に晒される。

これも実学ならではだと私は思うが，追求されている価値が，その一部分でも実現されると，その学問は衰退の方向に向かう。例えば，カナダの平和国際安全保障研究所は，1990年代の半ばには休眠状態または消滅状態に陥る。アメリカでも多くのプログラムが統廃合の運命をたどった。

ところが，北欧諸国は平和学に熱心であると前にも述べたが，ヨーロッパにおいては，平和学はヨーロッパ諸国の参加によって逆に強化される。とりわけ，オーストリア政府が出捐したヨーロッパ大学平和研究センター（European University Center for Peace Studies）は，なんと冷戦が終結した1989年に，平和学のパイロットコースを開始する。そこには教員や学生が，ヨーロッパ各国，世界中から集まり，平和学が学習されていった。その前年，欧州平和研究学会（European Peace Research Association: EUPRA）も設立されて，1991年にフローレンスで第1回大会が開催された。このような動きも，ヨーロッパでは出てきたのである。

この相違は，冷戦の終焉が各地域に与えた意味の違いからもたらされたと言えよう。欧米以外でも平和学の制度化に交錯した状況が続いたのが1990年代である。このころになると，平和構築（peace building）プログラムという，実学中の実学が，しきりに唱えられるようになる。これは，実は，国連で，当時の事務総長ブトロス・ブトロス＝ガーリ（Boutros Boutros-Ghali, 1922–2016）が唱えた「平和への課題（*Agenda for Peace*）」の中にもうたわれていた。それに従って，さまざまなところで，紛争を止めて平和を構築していくことが実践されていった。これが1990年代の特徴であり，2000年代にも引き継がれていく。ロータリー財団などのようなファンディング・ソースが，世界中の各地に，平和構築プログラムの財政援助を実施していった。例えば，アジアでは，タイのチュラロンコン大学が有名で，集中的な平和構築のプログラムが開始されている（The Rotary Peace Center, n.d.）。チュラロンコン大学のウェブサイトに実際にアプローチして，その平和構築プログラムを参照してほしい。

ここまで見てきたように，平和学は，実は実践的な学問であって，現実の世界への影響の行使，そして，現実の世界からも影響を受けてきたことが理解できたと思う。

第3部

平和学を学ぶ上での事象の背景

第10講
紛争関連資料の集め方・読み方

これから4講にわたって，平和学を学ぶ上で知っておかなければならない事象の背景についてお話ししていこう。平和学に関連して，この小さな惑星の「実態をいかにして知るか」についてのテーマを設定して，最初の2回は，どちらかと言えば政治・軍事分野に関係した資料で，続く2回は，経済・社会分野に関係した資料に迫っていこうと考えている。ただ資料を示すだけではなくて，その資料の背景には何があるか，そして，そこから何が言えるのか，さらに，平和とは何かを考えることによって，世界をわしづかみにする。あるいは，時には，小さな事象に迫っていって，もう一度，平和について考える手助けになればと考えている。

そもそも，資料を集めると言っても，全部について集めていくわけにはいかない。そこで，この講では，まず軍備・軍事費・武力紛争に関わる資料は，いったいどこで手に入るのかについて述べる。今，皆さんにとって最も資料やデータを集めやすい環境は，ウェブサイトをいろいろと見て回ることであろう。ただ，ここでは，書籍とウェブサイトの両方をバランスよく挙げていく。軍備や紛争に関しては，『SIPRI年鑑』，『ミリタリーバランス』，『ACDAレポート』の3大データブックが発行されている。

表10-1（筆者作成）

ガストン・ブートゥール／ルネ・キャレール，高柳先男訳『戦争の社会学 戦争と革命の二世紀 1740～1974』（中央大学出版部，1980年10月，現代政治学双書4）Gaston Bouthol et René Carrére, *Le défi de la guerre*（*1740–1974*）; *deux siecles de guerre et de revolutions.*（Paris, 1976)）
Jack. S. Levy, "Historical Trends in Great Power, 1945–1975," *International Studies Quarterly* XXVI, 2（1982）
ロビン・クラーク（Robin Clarke），松井巻之助訳『現代戦争論』（草思社，1972年）

【基礎的文献】

ここで，これを読めば，だいたいこれまでなされてきた戦争の研究に関する大筋がよくわかるクラシックスを3冊ほどご紹介しておこう（表10-1）。

1つめは，ガストン・ブートゥール（Gaston, Bouthoul, 1896–1980）とルネ・キャレール（Rene, Carrére）がフランス語で書いた"*Le défi de la guerre*"である。これを高柳先男が中心となって翻訳をし，『戦争の社会学 戦争と革命の二世紀　1740～1974』というタイトルで発行している。この中には後に紹介するようなデータが詰まっている。

2つめは，英語で書かれた，レヴィー（Jack. S. Levy, 1948–現在）の'Historical Trends in Great Power, 1945–1975'という短い論文である。これはHistorical Trends in Great Powerとあるように，「大国間の戦争に関する歴史的傾向」を追っている。

それから，翻訳書のもう1冊は，ロビン・クラーク（Robin Clarke）が書いた『現代戦争論』（クラーク，1972）を推薦しておく。これは今回の講義では触れないが，ぜひ手に取ってほしい。1972年発行と随分古い本だが，現代的な予測をたくさんしていて，それが結構当たっている。

【ブートゥールとキャレールからの知見】

それでは，『戦争の社会学 戦争と革命の二世紀 1740～1974』から何が学べるかをご紹介していこう。ブートゥールとキャレールは，1740年から1974年の約200年間，366件の武力紛争のデータを扱っている。武力紛争だと認めるにあたって，以下のような，6つの操作的な定義をしている。

表 10–2　基準の適用 1（筆者作成）

超絶的紛争	国家間／国家内部	国家間あるいは国家内部	核などの A.B.C 戦争	今のところ例なし
大紛争	国家間	世界大的	世界にまで拡大する対外戦争あるいは内戦	1939–1945 など
		超国家的	国際機構ないし国際集団	朝鮮戦争，コンゴ動乱など
		脱国家的	革命を惹起する内戦	1914–1918 など
		純粋の国家間	対外戦争あるいは重大な紛争	1935 エチオピアなど
		植民地化以前	植民地征服	1894 マダガスカルなど
	国家内部	国家超越的	対外戦争を惹起する内戦	1971 バングラデシュなど
		純粋の国家内部	内戦	1830 革命など
		植民地内部	植民地の異議申し立て	インドシナなど

- 1 国以上を巻き込んだこと。
- 1 地方あるいは 1 都市以上の大きな空間に影響を及ぼしたこと。
- 1 年以上継続したこと。
- 強度が大きかったこと（1,000 人以上の殺戮《りく》）。
- 重要な国内的結果（体制の分離や変革）をもたらしたこと。
- 重要な国際的結果（併合とか独立，あるいはまた国家の誕生とか消滅）をもたらしたこと。

その基準の適応は，表 10–2 のように，さらに細かく進められている。「超絶的紛争」は，今のところ例がない。A.B.C 戦争とは，Atomic（核），Biological（生物），Chemical（化学）の頭文字を取ったものである。B と C を合わせてバイオケミカル（生物化学兵器）ということもある。そうした兵器を利用した戦争が起こると，人類が生き残ることは不可能との意味で超絶的紛争という。

この本で取り上げられた 366 件は，超絶的紛争の下の「大紛争」の中に入る。まず，「国家間」の紛争，「国家内部」の紛争の 2 つに大別される。その中でさらに細かく，世界大戦のような「世界大的」な紛争，国家を超えて国連軍が出動したような「超国家的」な紛争，革命を起こすような「脱国家的」な紛争，「純粋な国家間」での紛争，「植民地化以前」の植民地を制服するような紛争が

表 10-3　基準の適用 2（筆者作成）

前国家的			部族間，封建領主間の戦争	非常に多数で多様
極小紛争		前国家的	国境事件	1969 ウスリーなど
		国家間	衝突・暴力を伴った散発的な対決	1970 ダッカなど
紛争以前のもの	（暴力を伴わない）	国家間	国際的小危機	多数で多様
		国家内部	衝突のないストライキ	アガディールの危機など

表 10-4　大紛争の数値（筆者作成）

形　態	総　計	1740–1800	1800–1850	1850–1900	1900–1950	1950–1974
大紛争（総計）	366	41	74	99	97	53
国家間（総計）	157 （43%）	22	27	57	37	14
世界大的	2（0.5%）				2	
超国家的	4 （1%）			1		3
脱国家的	3（0.5%）		1	1	1	
純粋の国家間	104 （28%）	19	17	30	27	11
植民地以前の	44 （12%）	3	9	25	7	
国家内部（総計）	209 （57%）	19	47	42	60	41
国家超越的	35 （10%）	1	12	6	8	8
純粋の国家内部	21 （32%）	17	24	24	33	23
植民地内部	53 （15%）	1	11	12	19	10

ある。国家内部では，「国家超越的」といってバングラデシュで起きた内戦のように対外戦争を惹起する内戦，「純粋に国家内部」で終了する内戦，「植民地の内部」で起こるものがある。

表 10-3 で示したような「前国家的」「極小紛争」「紛争以前のもの」は，先ほどの基準に合っていないため，ほとんど取り上げていない。例えば，「極小紛争」に 1969 年ウスリーとある。中国とロシアが国境をめぐって多少小競り合いをして鉄砲で撃ちあった。このような事件は紛争としては取り上げていな

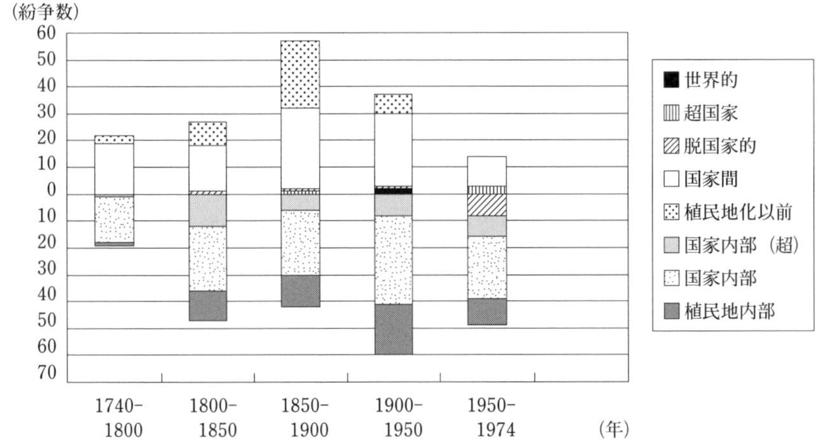

図 10-1 国家間戦争の減少傾向(筆者作成)

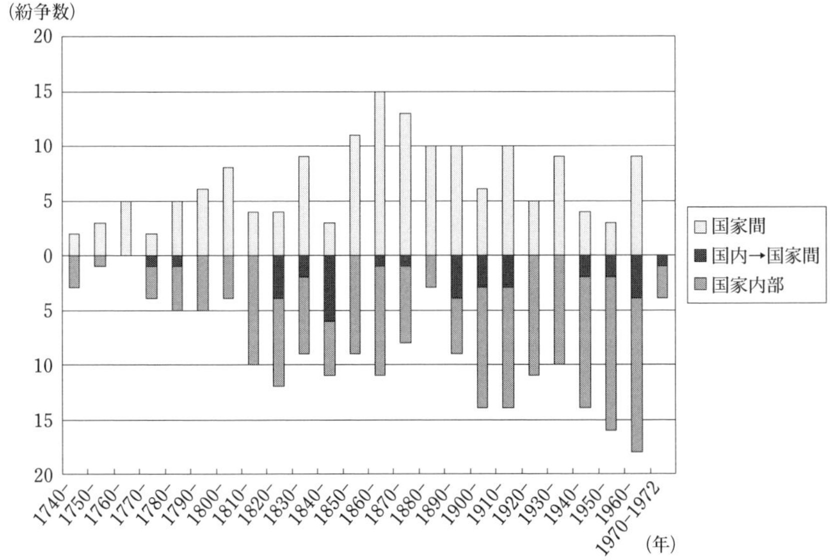

図 10-2 10 年間隔で見てみると(筆者作成)

い。

紛争に当てはまる366件は，この表10–4のように分かれると彼らは示している。「国家間の紛争」は157で，「国家内部の紛争」は209となっている。単独で一番多いのは，「純粋の国家間」で，104件，28パーセントを占めていた。植民地内部の紛争も大きな数を占めていることがこの表からみてとれる。

表の結果をグラフ化してみると，図10–1のように視覚化できる。「国家間の紛争」というのは，1850年から1900年の19世紀の後半がピークで，それから減る傾向にある。その反対に，「国家内部の紛争」は第2次世界大戦後すぐの頃までは増える傾向にある。グラフ化してみると，このことがよくわかるかと思う。

10年間隔で見てみると，多少ピークのでこぼこはあるものの，傾向の違いがわかるだろう（図10–2）。だいたい19世紀の後半，1860年代から1870年代ごろに，「国家間の紛争」のピークがあって，その後は減っていく。時折増えることもあるが，全体は減少傾向にある。それに対して，「国家内部の紛争」は見事に増えていく形になっている。

【レヴィーからの知見】

レヴィーは，大国間の戦争はどうなっているかに目を付けてデータを収集して発表した。そのとき，「大国とはどこか」を示すため，1495年から1900年までの長期間にわたっての大国システムを構成する国々についての分析を示した（図10–3）。黒い部分は大国足らざる時期と考えてもらえればよいだろう。日本は，だいたい20世紀に入ってから大国としてカウントされ，1945年ではっきりと大国から外れている。この中で，ずっと大国として生き残っているのは，一番下の2国，イギリスとフランスだけである。

このような大国間の紛争はどうなっていたかを彼はデータで示した。図10–4は，大国間の紛争の件数を，私がグラフ化してみたものである。国家間の紛争が減っていることは，先ほど，ブートゥールとキャレールからの知見でも確認できたが，大国間の武力紛争は，なおさら減っている。4半世紀ごとに割ってあるが，例えば，20世紀の第1四半期は2件しかない。第2四半期は1件しかない。それ以降は0となっている。つまり，「金持ちけんかせず」で，大

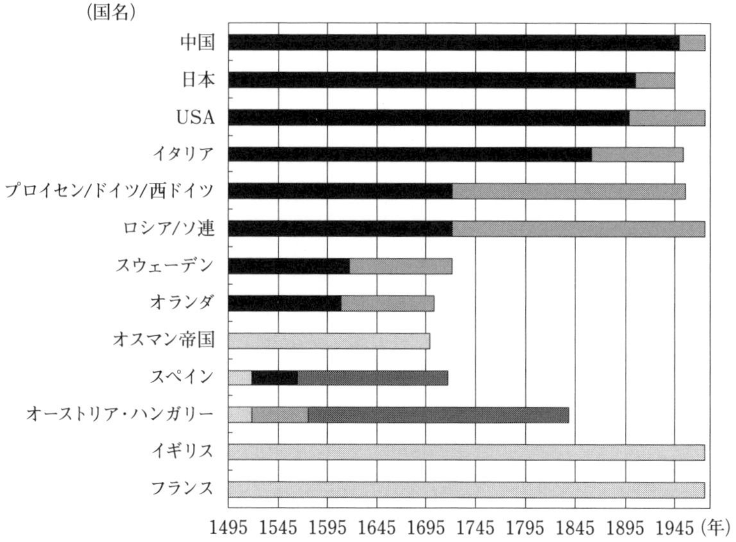

図 10-3 大国システムを構成する国家（Levy, 1982）

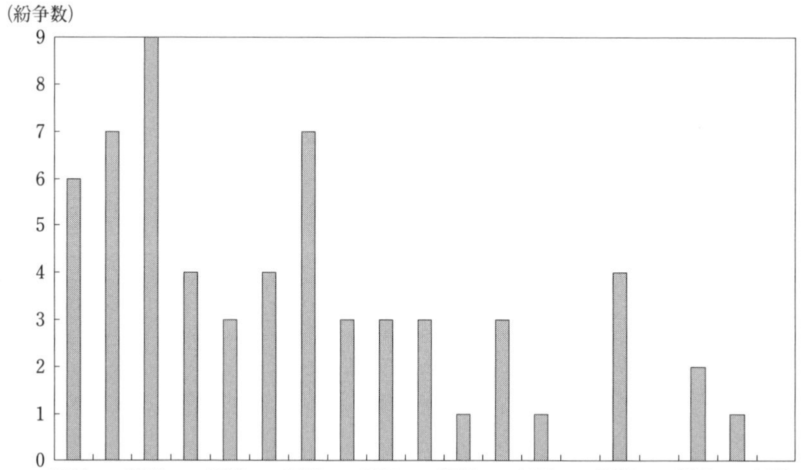

図 10-4 大国間紛争（Levy, 1982）

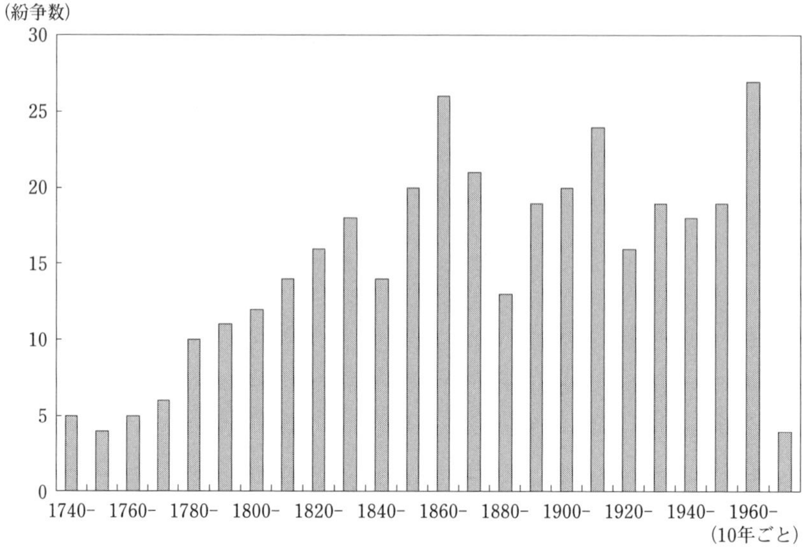

図 10-5　10 年単位の総紛争数の推移（筆者作成）

きな国は大きな国同士で戦争をしない。戦争をするのは小さな国であるとの結論がもたらされる。では続いて，10 年単位の総紛争数の推移を見てみよう(図 10-5)。全体の紛争はどう推移しているか。1 回 1860 年でピークを迎えて，それからまた 2 度の上昇がみられる。

図 10-4 と図 10-5 のグラフを合わせてみると，そこから読めることは何であろうか。2 つはまったく逆の形をしている。大国は大国同士で戦争はしなくなった。そのため，20 世紀に「代理戦争」という言葉が生まれた。後ろで兵器や兵員を支援したり，あるいは軍事アドバイザーを付けたりするが，大国はお互いには戦わない。では，戦争で死ぬのは誰か。小国，あるいは低所得の人々が死んでいく。そのようなパターンが繰り返されている。これが現代まで続いている傾向である。つまり，紛争の数が増えている中で，国家内紛争だけが増加し，国家間戦争は減り，なおかつ大国間戦争はほぼ存在しないことが知見として得られる。

表 10-5　1日の平均死者数（クラーク，1972，p. 242）

戦争名	時	1日における戦死者数
ナポレオン戦争	1770–1815	233 人
クリミア戦争	1854–56	1,075 人
バルカン戦争	1912–13	1,941 人
第1次世界大戦	1914–1918	5,449 人
第2次世界大戦	1939–45	7,738 人
（ヒロシマ）	1945.8.6	8 万人（13 万人）

【クラークからの知見】

クラークの『現代戦争論』の中にある「1日の平均死者数」を見てみよう（表 10–5）。非常にドライなデータだと思うが，戦争中の1日の死者数は，時代が経過するとどんどん増えている。『現代戦争論』では，広島の原爆で，8月6日の1日で直接亡くなった方は8万人いたと書いてある。ここにはその年のうちに亡くなった 13 万人という数字を補足で括弧に入れてある。それにしても，すごい増え方でどんどん戦争で人が死んでいくようになったと言える。

ところが，非常に矛盾するようなことが起こっている。軍と軍とのぶつかり合い，すなわち1回の衝突で削がれる兵力のパーセンテージは，世紀を追うごとに減少している。つまり，1回の衝突で兵士は死ななくなっている。17 世紀（1600 年代）には1回の衝突で4人に1人，つまり 25 パーセントが亡くなった。18 世紀になると 15 パーセント，19 世紀になると 10 パーセント，20 世紀になると5パーセントとなる。

これを「戦争で誰が死ぬか」という統計と比較すると，すっかり逆転していることがわかる。近年の戦争で死ぬのは兵器を持っていない非戦闘員であり，兵隊ではない人たちになる。ある統計では，市民，民間人が 98 パーセントを占める。兵隊で死ぬのは2パーセントしかいない。かつては逆であった。先ほど述べたような，1回の衝突で出る犠牲者は減り，戦争に関連した死者が増えていく状況を合わせて，その深い意味がわかる。よくブラックジョークで「戦争で死にたくなかったら兵隊になればいい」と言われるほど，戦争の形態が変わってきた。このようなことが，戦争に関したデータから考えることができる。

【戦争で1人を殺傷するのに必要な経費】

『現代戦争論』では，「戦争で1人を殺傷するのに必要な経費」の分析も行われている。嫌な数字だが，シーザーの時代だと1人を殺傷するのにかかるのは75セント，ナポレオン戦争では3,000ドル，第1次世界大戦では25,000ドル，第2次世界大戦ではなんと1人殺傷するのに50,000ドルかかった。今では兵器が精密になり値段が高くなっているので，1人を殺傷するのに必要な経費はもっと大きくなっている。

ところが，貧困に目を向けると，当時の比較で，世界中の人々で約5人に1人以上は1ドル以下で暮らしている。そのような国々は，寿命が非常に短い。平均的に50年ほどで生涯を終える。これを掛け合わせてみよう。

地球上の多くの人々は，1万ドルで生涯を終えてしまう。ところが，第2次世界大戦ですら，1人殺傷するのに経費はその5倍かかっている。これはどのような意味を持つのだろうか。これを嫌なドライな数値が出ていると思わずに，取れるだけ取れるデータを集め，自分でここが焦点（ターゲット）だと決めたデータを持ってきて，その意味をとことん考える。そのような作業を，ぜひともやってもらいたいと思う。

【SIPRI年鑑】

では，続いて軍備や紛争に関する資料について説明していこう。3大データブックの最初に挙げられるのが，SIPRIの年鑑（SIPRI Yearbook）である。SIPRIは，前にも触れたようにストックホルム国際平和研究所である。

さて，このSIPRI年鑑の特徴はどこにあるのだろうか。もともと，この年鑑は，世界中の国々の軍事費が毎年どのくらいかを調べて，世界に公開することが出発点になっている。タイトルには『軍備，軍縮及び国際安全保障（*Armaments, Disarmament and International Security*）』という副題が付いている。これは，その発行された前年に，世界全体で軍備の状況がどうなったか，軍縮についてはどのような成果があったのかを評価している。軍縮の条約が結ばれると，その全文がSIPRI年鑑に掲載される。もちろん，日本のデータもその中に入っている。何よりも，この年鑑は1969年に発行されてから今日まで，何十年もデータを蓄積している大変貴重なデータブックと言える。

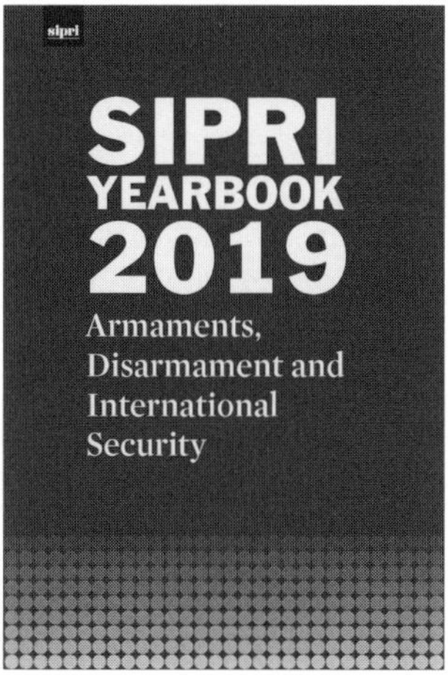

図 10-6　SIPRI の年鑑（https://www.sipri.org/yearbook/2019）

このSIPRI 年鑑について，もう1点，強調したいことは資金の出どころである。ストックホルム国際平和研究所から出版されてはいるが，いったい，その資金のもとはどこなのだろうか。実は，その資金はスウェーデン政府から出されている。つまり，スウェーデン国民の税金で，この本が出版され，そのウェブサイトも税金で維持・運営されている。他の財団などからも資金を提供してもらってもいるが，大本になっているのはスウェーデン国民の税金である。

これは，なぜだろうか。スウェーデンは，第2次世界大戦でドイツに占領された歴史を持ち，強い中立政策をとっている。世界中で，永世中立を宣言し他の国々から認められている国にはスイスやオーストリアなどがあるが，スウェーデンはそれらの国々に比べて，なかなか，中立政策が諸国から認められているというところまでは至っていない。そこで，スウェーデンは，SIPRI 年鑑を発行することによって，紛争には絶対に自分たちは絡まない，平和国家でいくと宣言したのである。自分たちが，平和の面で世界に役立つためには，どのようなことができるのかを考えて，この3大データブックの一角を占める，大変な厚さのSIPRI 年鑑を，国民の税金で毎年世界中に提供している。

これを聞くと，憲法の中に軍備を有しないで平和に徹すると宣言している，どこか似たような国が思い当たるだろう。日本も，世界の平和に対する貢献の仕方は，いろいろ考えられる。SIPRIのような年鑑を出していくこともその1つであろうし，あるいは，紛争に関する「警告（warning）」を出す方法もある。世界中の隅々まで，国際協力機構（JICA）や日本貿易振興機構（JETRO）など，大使館以外にも日本の出先機関が展開されている。そういう世界の最前線で，なんらかのシグナルをキャッチして，「ここはひょっとすると紛争になるぞ」という警告のようなものを，日本の税金で発信できるようなシステムを作ったら，おそらく，世界の平和に随分，貢献できるのではないだろうか。軍事力をもってするのではない，スウェーデンのような平和貢献もできるのではないか。この年鑑はその象徴でもある。

インターネットの時代になり，SIPRIも年鑑発行だけでなく，さまざまな資料などをウェブサイト上でも公開している。ここに示したSIPRI軍事費データベース（SIPRI Military Expenditure Database，https://www.sipri.org/databases/milex）は，SIPRIのウェブデータベースの中から例として1つだけ取り上げたもので，世界171カ国の軍事データをすべて1988年から時系列でまとめている。「英語がわからないから読めない」とは考えず，この開いたページごと，ウェブ翻訳にかけてしまえばよいので，ぜひ，見てほしい。

【ミリタリーバランス】

3大ブックのもう1冊は，『ミリタリーバランス（*Military Balance*）』という，ロンドンにある国際戦略研究所（International Institute for Strategic Studies: IISS）で出されている年鑑資料である。SIPRIが紛争や軍縮の条約，軍事費に焦点を合わせているとしたら，この『ミリタリーバランス』は，各国の軍備の非常に細かいところまで載せていることに特徴がある。例えば，「日本はM何型の戦車を何両持っている」「兵士は何名である」「大砲はこのような種類が何門ずつある」といった性能諸元まで，世界中の国々すべてにわたって載せられている。この国が持っているミサイルは，どのくらいの速さで飛んでいき，どのくらいの爆発力があるか，そしてその精度はどのくらいかなどである。精度というのは，100発撃ったうちの50発が30メートルの円の中に入る率，すなわち，CEP（Circular Error Probability，半数必中界）はどのくらいかなどである。ある国の軍隊がどのくらいの強さなのかは，この資料を見るとたちどころにわかる。

【ACDA レポート】

3つ目の『ACDA レポート（ACDA Report)』とは，アメリカ政府の一部門の軍備管理軍縮局（Arms Control and Disarmament Agency: ACDA）の報告書『世界の軍事支出及び武器移転報告書（World Military Expenditures and Arms Transfers)』の通称である。ACDA は，1999 年クリントン政権のとき，国務省に吸収されることになった。それ以後，この ACDA レポートは，大変残念なことに，世に本の形では出されていない。しかし，『世界の軍事支出及び武器移転報告書』として，2005 年版の単発，そして 2012 年以降の毎年のレポートとして，ウェブ上で公開されている。現在は，国務省（Bureau of Arms Control, Verification and Compliance）のホームページから資料をとることができる。

では，このデータブックは，どのような特徴を持っているのだろうか。正式タイトルの通り，国家予算の中に占める軍事費がどのくらいか，そして，武器の貿易，供与，あるいは移転について，どのような武器がどの国にどのくらい渡ったかという動きが，この年鑑には大変詳しく書かれている。

これら『SIPRI 年鑑』,『ミリタリーバランス』，そして『ACDA レポート』（現在の『世界の軍事支出及び武器移転報告書』）の 3 種類をたどれば，これまでの世界中の軍備，軍縮の事実関係がどのようになっていたのかをほぼ確認できる。

【第三世界内部の兵器貿易】

では，例えば，これらの資料を用いて，どのあたりまで詳細な分析をすることができるだろうか。図 10–7 は，第三世界の中の兵器貿易がどのようになっているかを明らかにした図で，ダイアド（dyad）を付けたものだ。実は，これは，私が随分若いころに分析して作成したものである（多賀，1981)。

この図が示しているのは，どういうことだろうか。最新の兵器は，当時，だいたい米ソが握っていた。その次の新型兵器は，常任理事国や日本なども握っている。もう少し小さな国々，中小国，あるいは経済的に豊かでない国々にな

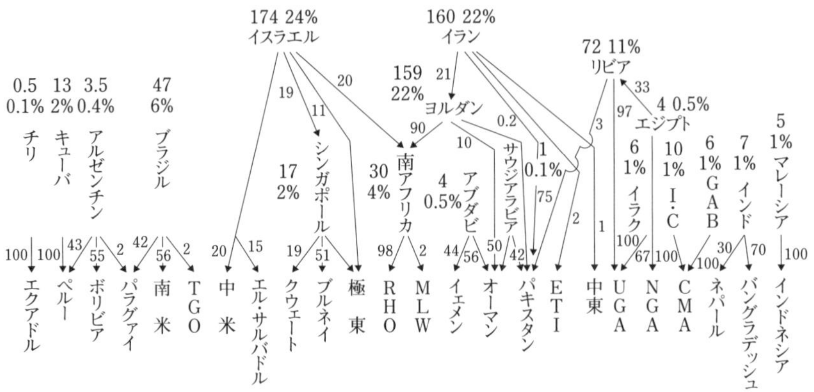

図 10-7　第三世界内部の兵器貿易（多賀，1981）

ると，少し古くなった兵器を握る。さらに古くなっていくと，どんどんGDPの低い国々にそれが売られていく。いったい，それをどこまで明らかにできるだろうか。この図の作成には，先ほど紹介したSIPRI年鑑しか使っていない。それを丹念に読み取って，一生懸命に書き取って，データを計算していくと，このような図ができあがってしまうのだ。

例えば，イスラエルからは中古の武器がシンガポールに渡って，それがさらに古くなるとシンガポールからクウェートやブルネイ，極東に回ってくる。同時に，イスラエルは南アフリカに武器を売っている。南アフリカでは，かつてのイギリス植民地であったローデシアやマラウイなどに，より古くなった武器をまた厄介払いする。こういった関係が，先ほど紹介したSIPRIの年鑑を1冊手にして，丹念に読み込んで書き留める作業をやっていくだけで読み取れる。当然，こればかりではない。実にさまざまなことが，年鑑に出されている数値や文章から分析可能なのである。皆さんも，資料やデータを手にして考え得る限り，こういう分析を試してみてほしい。そのために，今回，3大データブックと呼ばれる資料を紹介したのである。

【ウプサラ紛争データプログラム】

今度は，紛争について，どのような資料がどんなところに隠れているかと，探し物をするような感じで見ていこう。過去の紛争についての時系列的データ

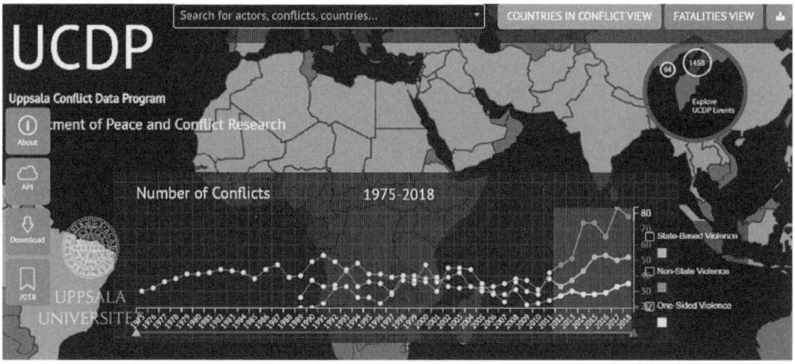

図 10-8　ウプサラ大学平和及び紛争研究部門ウェブサイト（UCDP）

は，例えば，何度もこの講義の中で出てきた『平和研究（*Journal of Peace Research*）』という雑誌に載っている。だいたい秋ごろになると，データセットという形で紹介される。今回は，現在進行中の紛争のデータはどうなっているかに焦点を合わせてみよう。

まず，これはデータそのものではないが，分量が少ないので，すぐに読み切ることができるお勧めのものだ。「初心者のための紛争データガイド」（‘A Beginner‘s Guide to Conflict Data. Finding the Right Dataset’）という論文で，PDF をフリーでダウンロードすることができる。UCDP とは，第 5 講で見たようにスウェーデンにあるウプサラ大学の平和及び紛争研究部門（Department of Peace and Conflict Research）で進められているウプサラ紛争データプログラム（Uppsala Conflict Data Program）のことである。これは膨大なデータ収集のプログラムで，先ほど述べた『平和研究』に掲載される過去の時系列データは，ここの研究から出てきたものが毎年掲載される仕組みになっている。その入門をぜひとも読んでみてほしい。武力紛争はこうやって扱うということが易しく書かれている文献である。

それを学んだら，実際に，このウプサラ大学の平和及び紛争研究部門のウェブサイトに入ってみよう。URL（https://ucdp.uu.se/?id=1&id=1）にアクセスすると，図 10-8 のようなページが出てくる。

この中では，武力紛争の時系列データが，まず目に飛び込んでくる。世界地図が出てきて，その下にスクロールする小さなボックスがある。そこをスクロールし，例えば1948年に合わせると，その年に武力紛争があった国が世界地図上に鶯色で表示される。そのマップを見ると驚くと思うが，世界中ほとんどが塗りつぶされる。つまり，戦後のわずか50〜60年の間に紛争に巻き込まれなかった国は，本当に少数派だということがよくわかる。このデータセットには，チャート，グラフといったさまざまなものがあるので，欲しいものを自分で選んで取っていくことが可能である（URLは参考文献を参照)。大変，詳細で，正確で，なおかつ便利なデータベースである。

【平和構築：PKO】

紛争の停戦・休戦協定を守り，1つの紛争をなんとか停止状態に持ち込むということで，今一番大きな仕事をしているのが，皆さんよくご存じのように，国連の平和維持活動（Peacekeeping Operations: PKO）である。国連は元来，国連憲章からいえば，国連軍という軍隊を持つ予定だった。ところが，常任理事国であるアメリカとソ連両国の折り合いがつかず，頻繁に拒否権（veto）を行使したため，安保理が指揮する国連軍は今に至ってもできあがっていない。国連軍は憲章上存在するが実際にはない。せっかく国連を設立したのに，安全保障の面で何の役にも立たないのでは困る。国連軍に代わって，ある意味，偶然のようにして始まったのがPKOである。これは，正確には国連憲章に記載されているわけではない。国連軍に代わるものとして，1つ1つ紛争があったときに初めて，安全保障理事会や，場合によると，あまり例はないが総会でも決議されて活動が行われる。このように，これまでPKO活動がなされてきた。

それでは，PKOはどれくらいあるのだろうか。図10–9に示されている13という数は，2019年時点での世界中での活動である。あまりこういったことに興味のない人だと，せいぜい1つや2つだろうと感じているかもしれないが，実はこの時点（2019年2月）でも13の国連PKOがなされている。過去のPKO活動は，とても数行では収まらないほど行われてきた。過去の活動はすべて，関連資料（Related documents）の箇所で詳細を表示できるようになっている。クリックしていくと国連のページで，その紛争の詳細がみられる。

私もこの中で，実際にいくつか足を踏み入れたところもある。イスラエルが戦ったところやエジプトとイスラエルが戦った地域に行っている。カンボジア

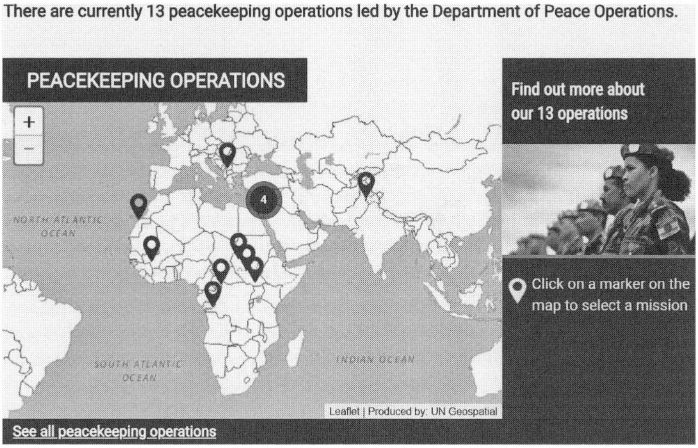

図 10-9　PKO 活動（2019 年）（United Nations）

のあたりから PKO が変遷してきて，武力的な兵力の展開を真ん中に割り込んでいって抑える形から，その国の政治的な自立を助けるように変化している。カンボジアでは，日本の明石康・元国連事務次長が代表になって行き，選挙の手伝いをして民主的な政府ができあがるところまで国連 PKO が行われた。

そのサイトの中に，「貢献者（Contributors）」というページがある。2020 年の図を持ってきて示しておいた（図 10-10）。グラフ部分は全てクリックできるようになっている。各部分をクリックすると，例えば，軍人が何人派遣されているのか，警察官が何人派遣されているのかなど，細かいことが示される。

こうしたところに興味がある方は，このサイトにアクセスして，詳しいデータをとってみて，PKO がどういう性質を持ったものか，普段，新聞やテレビでは絶対に扱われないその背景にある事実を見つけてほしい。こうしたサイトに入っていくと，皆さんも切り込み方次第で，現状の平和構築はどういう段階を迎えているかまで分析可能だ。

世界の軍備，軍事費，紛争，紛争を平和に解決する平和構築に関して，どのように自分たちで資料を集めたらよいか，主だったところを紹介した。この講で紹介したサイトの多くは，URL を参考文献で示しておいた。そのリンクから，また違うところへ飛んでいくと，どんどん違った資料が現れて，自分で考

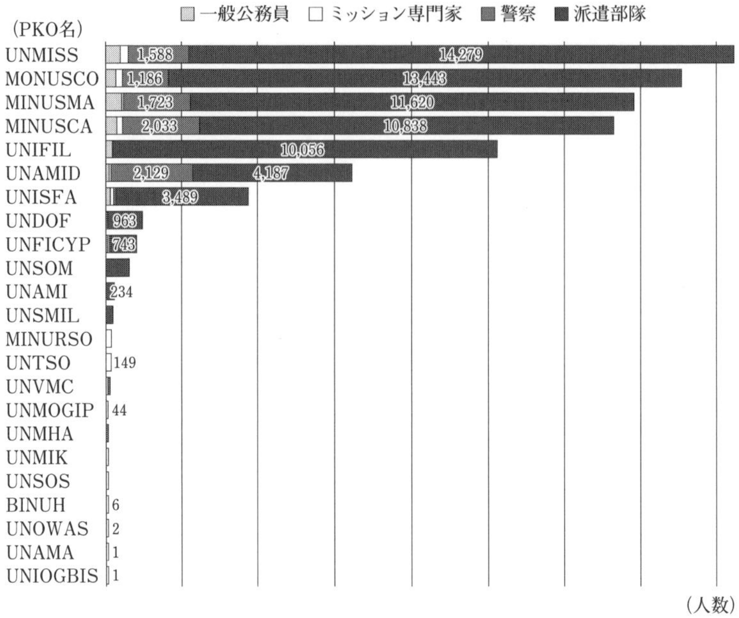

図 10-10　PKO 活動の貢献者（United Nations）

える手助けになるだろう。繰り返しになるが，英語を障壁と考えず，ウェブ翻訳を駆使しながら，ネット上で資料をブラウズしてほしい。

第11講
核兵器と安全保障

この講では，核兵器と安全保障に焦点を当てて，それらの意味をどのようにかみ砕いて自分で理解したらよいのかを考えていこう。核兵器の存在は戦後，最も重要な国際政治問題の1つとなり，また，いまだに核兵器の恐怖の時代は続いている。核兵器の原理，製造計画，広島・長崎，その後の核軍縮条約と核実験，市民の反核運動などの大まかな流れを見ていきながら，平和と核の問題について検討していこう。

【核実験と広島・長崎】

図11-1は，核実験後に撮影された，マンハッタン計画の責任者2人の写真である。左側が原爆の父と呼ばれる物理学者ロバート・オッペンハイマー博士（J. Robert Oppenheimer, 1904–1967），右側が軍人のレズリー・グローヴス将軍（Leslie Groves, 1896–1970）で，この2人が核兵器の開発に代表的な役割を果たした。アメリカは大きな国家予算を使って，彼らを中心として，1942年にマンハッタン計画という原爆開発に着手した。1945年7月16日に，アメリカ合衆国アラモゴードで，人類最初の核実験であるトリニティ実験（Trinity）を実施した。トリニティ実験は爆縮型プルトニウム原子爆弾の爆発実験で，同型の爆弾「ファットマン」が，後に日本の長崎市に投下された。

図11-2の核兵器のイラストの左が，「リトルボーイ」といって広島に落とされたものと同型のものである。右のものは，リトルボーイと比較すると少し太って見えるのでファットマンと呼ばれ，長崎に落とされた原子爆弾と同型のものである。この図を見ると，広島型と長崎型の原子爆弾の構造がどうなっているかがわかる。それぞれ，広島型と長崎型では，その発火，爆発のさせ方が異なっていたため，外見もこのように異なっている。

『原爆はこうして開発された』（山崎・日野川，1997）によると，この広島型と長崎型の意味の違いが見えてくる。すなわち，なぜ，2発の原爆が投下されたのかの意味である。広島型のリトルボーイは，細長い筒の上下両端に，核分裂に必要なウラン235を2つに分けて配置している。そして，後部のウランに仕掛けられた爆薬によって起爆し，上下2つのウランがぶつかりあった瞬間，次々と核分裂が起こり，膨大なエネルギーが発生する仕組みである。これに対して，長崎型のファットマンはプルトニウムを爆弾の中心部に置いて，周りに満遍なく爆薬を配置している。一気にすべての方向からプルトニウムに圧力がかかり，核分裂が起きる仕組みになっている。

当初，マンハッタン計画では，ウラン型の原爆開発が中心であった。ところが，プルトニウムを造り出し核分裂させることに成功したことで，プルトニウム型開発が優先されるようになり，開発の優先順位が逆転した。というのも，ウラン型原爆開発に必須のウラン235は，自然界にはごくわずかしか存在しない。これに対して，プルトニウムは，核分裂を持続させる装置である原子炉さ

図 11-1　オッペンハイマー博士とグローヴス将軍（Atomic Heritage Foundation, 2014）

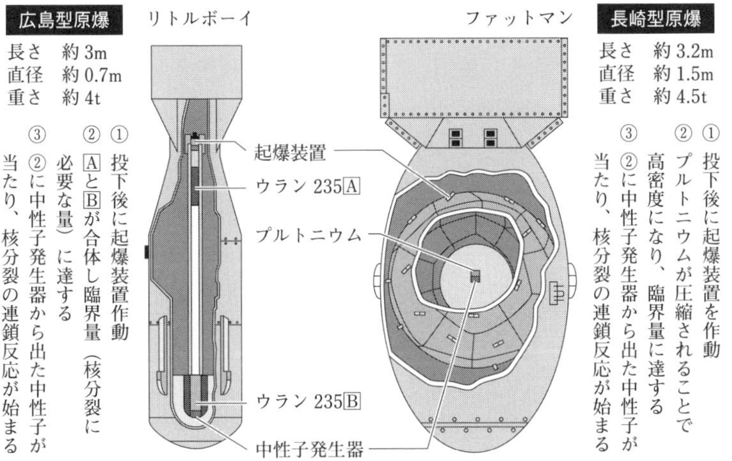

図録「ヒロシマを世界に」（原爆資料館）を参考に作成

図 11-2　原子爆弾の比較（中國新聞社，2005-2007）

えあれば，どんどん生み出すことができる。そして，アメリカは，広島・長崎原爆投下に先立つ 1945 年 7 月までに，ウラン型 1 つとプルトニウム型 2 つの計 3 個の原爆を完成させたのである。

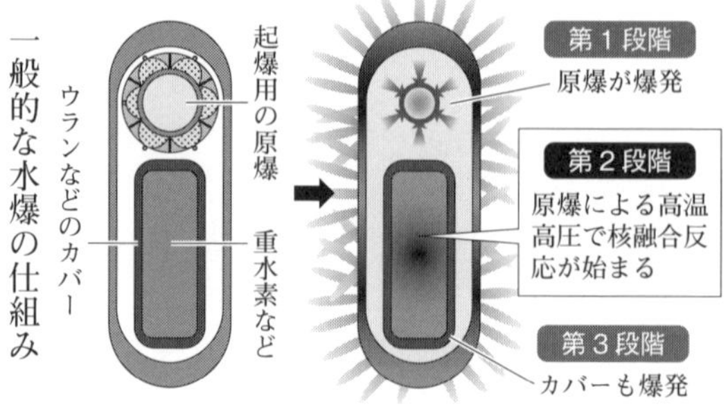

図 11-3　一般的な水爆の仕組み（毎日新聞，2016）

【「核分裂」の原爆と「核融合」の水爆】

そして時代が遷り，水爆の父と呼ばれるエドワード・テラー（Edward Teller, 1908–2003）らによって，水爆というもっと強力な兵器が開発される。

テラーらによって開発された水爆は，原爆より製造が難しいとされ，広島・長崎の原爆の数百倍のエネルギーを発生させる。図 11-3 を確認してほしい。水爆は，水素（重水素，三重水素）などの軽い原子核を核融合反応させる仕組みをとる。水素爆弾の内部は，第一段階で起爆用の原爆が爆発し，第 2 段階で原爆の高温高圧で重水素などの核融合反応が始まる。第 3 段階でこれらを囲っていたカバーも爆発を起こす。核分裂のみを利用したのが原爆で，さらに加えて核融合を使ったのが水爆である。

こうした核兵器は，アメリカ合衆国が一番初めに造り，それからすぐにソ連が追いつき，さらにイギリス，フランス，中国，イスラエル，インド，パキスタン，北朝鮮まで核保有国になっていく。南アフリカは，一度核兵器を持ったが，放棄した経緯がある。

【ラッセル・アインシュタイン宣言】

皆さんも，相対性理論で有名なアインシュタイン博士を知っているだろう。彼も物理学者として，全く原子爆弾と無関係であったわけではない。ところが，彼は原爆のあまりの威力の激しさに，もうこの兵器を造ってはいけない，使ってはいけないという立場に立って，核拡散の初期の頃に活動をしていく。共にその活動を支えたのが，哲学者のラッセルである。

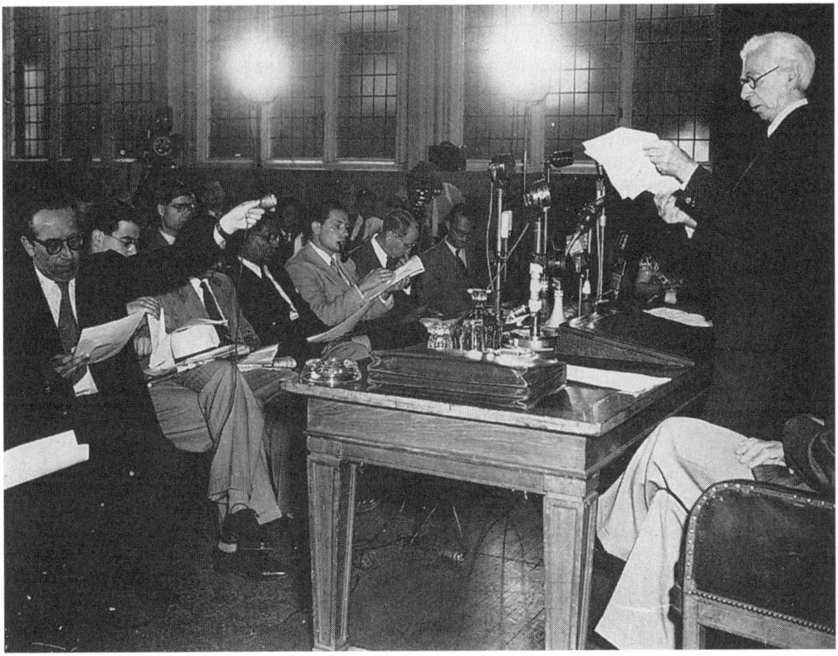

図 11-4　ラッセル・アインシュタイン宣言（日本パグウォッシュ会議，2019）

ラッセルが，あるクリスマスに，「もうこの世の中で核兵器を使っては絶対にいけない」という発表をラジオ番組で行う。それをもとにして，核兵器廃絶のための宣言を書いた。ノーベル賞を受けた物理学者やノーベル平和賞を取った何人かの人たちが集まって，その宣言に朱入れをして最終的にまとめた。その最後にサインをしたのが，アインシュタインだった。それも，アインシュタインが亡くなる直前，1 週間前になってやっと彼のサインが間に合った。この 1955 年 7 月のラッセル・アインシュタイン宣言は，世界的な反核兵器の運動として，おそらく初めて書かれた文章であり活動であった。

ラッセルは，反核 100 人委員会も創設する（図 11-5 参照）。ノーベル賞を受賞した人で，大変老齢であったが，ロンドンなどで，100 人委員会のメンバーたちと共に座りこみを続けて，「とにかく核兵器だけはいけない」ということを言い続けた人物だった。

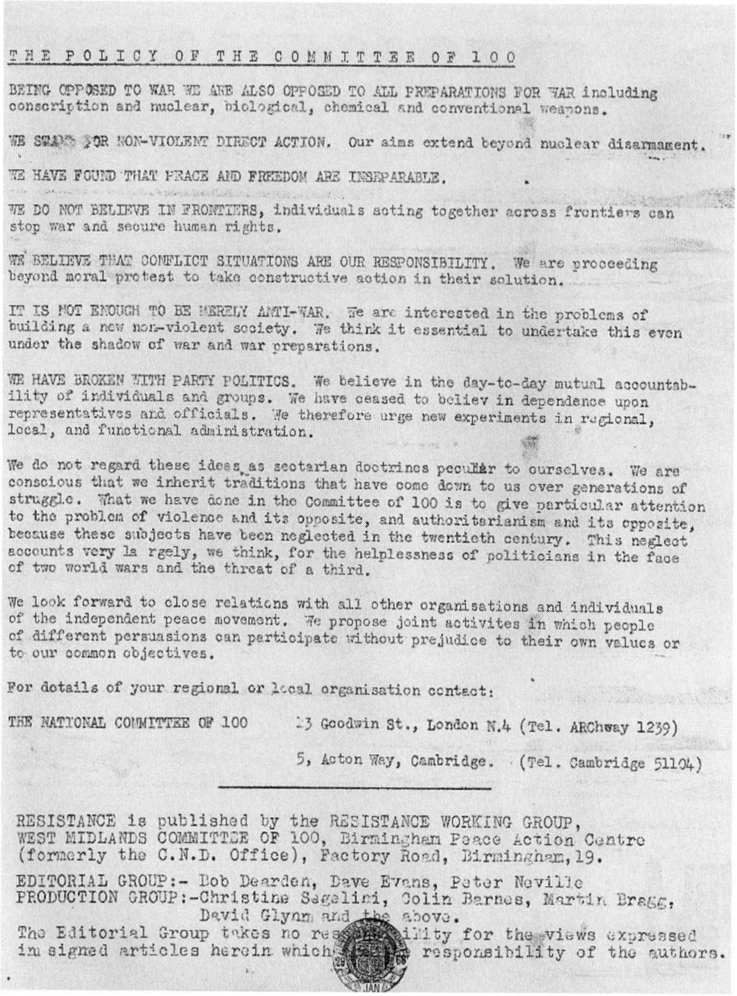

THE POLICY OF THE COMMITTEE OF 100

BEING OPPOSED TO WAR WE ARE ALSO OPPOSED TO ALL PREPARATIONS FOR WAR including conscription and nuclear, biological, chemical and conventional weapons.

WE STAND FOR NON-VIOLENT DIRECT ACTION. Our aims extend beyond nuclear disarmament.

WE HAVE FOUND THAT PEACE AND FREEDOM ARE INSEPARABLE.

WE DO NOT BELIEVE IN FRONTIERS, individuals acting together across frontiers can stop war and secure human rights.

WE BELIEVE THAT CONFLICT SITUATIONS ARE OUR RESPONSIBILITY. We are proceeding beyond moral protest to take constructive action in their solution.

IT IS NOT ENOUGH TO BE MERELY ANTI-WAR. We are interested in the problems of building a new non-violent society. We think it essential to undertake this even under the shadow of war and war preparations.

WE HAVE BROKEN WITH PARTY POLITICS. We believe in the day-to-day mutual accountability of individuals and groups. We have ceased to believ in dependence upon representatives and officials. We therefore urge new experiments in regional, local, and functional administration.

We do not regard these ideas as sectarian doctrines peculiar to ourselves. We are conscious that we inherit traditions that have come down to us over generations of struggle. What we have done in the Committee of 100 is to give particular attention to the problem of violence and its opposite, and authoritarianism and its opposite, because these subjects have been neglected in the twentieth century. This neglect accounts very la rgely, we think, for the helplessness of politicians in the face of two world wars and the threat of a third.

We look forward to close relations with all other organisations and individuals of the independent peace movement. We propose joint activites in which people of different persuasions can participate without prejudice to their own values or to our common objectives.

For details of your regional or local organisation contact:

THE NATIONAL COMMITTEE OF 100　　23 Goodwin St., London N.4 (Tel. ARChway 1239)

5, Acton Way, Cambridge. (Tel. Cambridge 51104)

RESISTANCE is published by the RESISTANCE WORKING GROUP, WEST MIDLANDS COMMITTEE OF 100, Birmingham Peace Action Centre (formerly the C.N.D. Office), Factory Road, Birmingham, 19.

EDITORIAL GROUP:- Bob Dearden, Dave Evans, Peter Neville
PRODUCTION GROUP:-Christine Segalini, Colin Barnes, Martin Bragg, David Glynn and the above.
The Editorial Group takes no responsibility for the views expressed in signed articles herein which are the responsibility of the authors.

図 11-5　100 人委員会の政策（The British Library Board）

【パグウォッシュ会議】

ラッセル・アインシュタイン宣言の意志を継いだのが，パグウォッシュ会議である。ラッセル・アインシュタイン宣言をもとにして，世界中から科学者が集まって，核兵器を廃絶するにはどうしたらよいのか，毎年のように開催地を

図11-6 初回の会議に参加したフレデリック・ジョリオ＝キュリーら10カ国22人の科学者たち。日本からも湯川秀樹，朝永振一郎，小川岩雄が参加。湯川秀樹は，1回からのべ5回の会議に参加している（the Pugwash Conferences on Science and World Affairs）。

変えて集まっては語り明かし，宣言を出すことを続けている。ラッセル・アインシュタイン宣言に署名した11人の科学者の1人であるジョセフ・ロートブラット（Joseph Rotblat, 1908–2005）が，その初代事務局長を長期間務めた。彼は，その功績で1995年にパグウォッシュ会議と共にノーベル平和賞を授与されている。

この会議は今でも続き，400を超える会議が開催されてきている。第9講でも述べたように，この会議がモスクワで開かれたとき，ソ連の若い研究者たちがこの会議に参加していた。これが冷戦の終結につながっていく。

【核兵器の歴史と現状】

まず，お見せするのは，「核弾頭数の推移」の図である（図11-7）。直接は，図下に示したように，ジョンストンズアーカイブ（Johnston's Archive）から取ってきた数値データをもとにしている。これは，核兵器の弾頭数がどのように変化してきたかを示した図である。一番上を走っている黒いバツは，世界中の総量である。先にピークを迎える菱形がアメリカで，黒い四角はソビエト連邦（ロシア），一番下の這うようになっている白い三角は，イギリス，フランス，中国，パキスタン，インド，イスラエルなどその他の保有国を足した線で

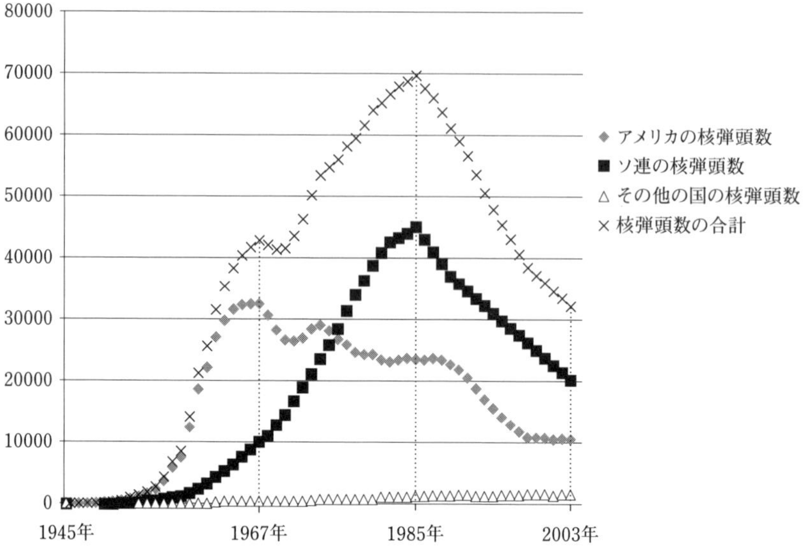

図11-7　核弾頭数の推移（http://www.johnstonsarchive.net/nuclear/nucstock-0.html で得たデータを基に筆者作成）

ある。

これは数値データから加工してみたもので，だいたいこのグラフで見ると，1つの大きなピークが1985年くらいにきている。戦後間もなくは，圧倒的にアメリカがリードしていたが，それにソ連がとって代わって，弾頭数ではソ連が上回る時期を迎える。そして，両国で戦略兵器制限交渉（Strategic Arms Limitation Talks: SALT）や戦略兵器削減条約（Strategic Arms Reduction Treaty: START）という核軍縮の話し合いがまとまって，お互いに弾頭を減らしていくようになる。

ただ，ここで覚えてもらいたいのは，核兵器がこの地球上に一番多く存在したときには，その弾頭が7万もあったことである。1945年以前には全く存在しなかったものが，2018年現在でも1万5,000ほどある（長崎大学核兵器廃絶センター，2018）。この現実の数値を，頭に入れておいてほしい。

【ヒロシマ型に換算すると】

核爆弾の威力の単位はどうなっているかを考えよう。同じジョンストンズアーカイブのサイトの記述で，広島型の話が出てくる。15キロトンの爆発力と推定される原爆が，日本時間午前8時15分広島市中心部上空580メートルで爆発した。直接の死者は13万人，負傷者8万6,000人と推定された。

記述の一番初めに，広島型が15キロトンとあった。これは重さの単位である。爆発力をトリニトロトルエン（trinitrotoluene: TNT）という爆発物に換算すると，どれだけの爆発力かということを，トリニトロトルエン何グラム分のように数えている。ところが，兵器が発達するにつれて，グラムの単位ではその強さを示しきれなくなった。仕方がないので，1,000倍した単位であるキログラムを導入した。このあたりは皆さんも，なじみがあるだろう。そうこうするうちに，どんどん兵器が発達して，キログラムでも計りきれない。仕方がないので，また1,000倍して1トンにする。その破壊力は，TNT火薬1トン分に相当するという意味である。

原爆が登場すると，1トンでも足りなくなる。そして，また，10の3乗倍（1,000倍）する。そこで登場したのが，今，広島型で換算された「キロトン」という単位である。グラムからみると，10の9乗倍になっている。10を9回かけて後ろに付けてやらないと間に合わないほどに破壊力が増したことになる。それでも現在では足りずに，また10の3乗倍して「メガトン」の単位でやっと計りきることができるようになっている。広島型は15キロトンであるから，メガトンに換算すると0.015メガトンとなる。

非常にドライで，人の命をもてあそんでいるとの批判を受けるかもしれないが，現実を知っておかなければならない。そこで，以下のような計算をしてみた。図11–7の元となるデータの横には核弾頭数だけではなく，米ソなどの核兵器の破壊力の総量もそえられていた。その破壊力の合計が最大だった1975年，地球上には27,333メガトンという核兵器の蓄えができた。0.015メガトンの広島型で割ると，なんと広島型1,822,200発分（約182万発）がこの地球上に蓄積されたことになる。その核兵器が，もし広島型と同じような効果を持つならどうなるだろうか。広島型の死者を13万人とすると，大きな数字ですぐに計算できないぐらいだが，236,886,000,000人，おおまかに2,400億人の命を

表 11-1　ヒロシマ型に換算すると（筆者作成）

- 1,000 g＝1 kg（kilogramme）
- 1,000 kg＝1 t（ton）
- 1,000 t＝1 kt（kiloton）
- 1,000 kt＝1 mt（megaton）
- Hiroshima＝15 kt＝0.015 mt
- 27,333（1975）/0.015＝1,822,200
- 1,822,200×130,000＝236,886,000,000

表 11-2　破壊力の大きい核兵器実験（http://nuclearweaponarchive.org/ で得たデータを基に筆者作成）

Date	Yield	Test mode	Country	Test Site	Remarks
October 30, 1961	50 Mt	air-drop	Soviet Union	Novaya Zemlya	Tsar Bomba
December 24, 1962	24.2 Mt	air-drop	Soviet Union	Novaya Zemlya	Test 219
August 5, 1961	21.1 Mt	air-drop	Soviet Union	Novaya Zemlya	
September 25, 1962	19.1 Mt	air-drop	Soviet Union	Novaya Zemlya	
February 28, 1954	15 Mt	ground	USA	Bikini Atoll	Castle Bravo
May 5, 1954	13.5 Mt	sea surface	USA	Bikini Atoll	Castle Yankee
October 23, 1961	12.5 Mt	air-drop	Soviet Union	Novaya Zemlya	
March 26, 1954	11 Mt	sea surface	USA	Bikini Atoll	Castle Romeo
November 1, 1952	10.4 Mt	ground	USA	Eniwetok	Ivy Mike
September 27, 1962	10 Mt	air-drop	Soviet Union	Novaya Zemlya	

核兵器で奪うことができる。当時，地球上には 50 億人強の人口がいた。2,400 億を 50 億で割ってみる。1 人を 48 回も殺すことができる量の破壊力である。こういう状況を「オーバーキル」という。このオーバーキルの状態に至って，どうしてこんなにたくさんの核兵器を持つ必要があるのかという話になる。ラッセルやアインシュタインがあのような形で立ち上がって，初期のころから，核兵器はこの地球にはいらないという予測がまるで当たるかのような状況になってきたのである。

【破壊力の大きい核実験】

表 11-2 は，これまで実験された核兵器の中でも破壊力の大きなものの表である。一番大きい水爆実験では，なんと，驚くなかれ，たった 1 発で 50 メガトンという破壊力の実験をソ連が行った。ツァーリ・ボンバ（Tsar Bomba）という名前が付いている。Tsar はロシア語で皇帝（カエサル）を意味する。こ

れは非常に危険な実験だった。ノバヤゼムリヤで行われた実験は，実は，爆発した火の玉の一番下の部分が，地上すれすれのところで爆発してしまい，一時大変な損害を引き起こすところだったが，なんとか大ごとにならずに済んだという話が残っている。

こうやって表にしてみると，1つだけで10メガトン以上のものがこんなに実験されている。しかも実験モード（test mode）という項目を見るとわかるように，臨界前核実験やコンピュータシミュレーション実験ではなく，大気圏内あるいは地上，海洋上で爆発が行われている。そのため，実は，地球上にはこれだけ，放射能が実験だけでまき散らされていることになる。

【実際の戦争との比較】

第2次世界大戦は，10年ほどをかけて世界中を舞台にして戦った戦争で，実際に使われた爆発物の量は，すべてかき集めて6.0メガトンと推定される。この中には，広島や長崎の原爆も含まれている。もっと少ない3.0メガトンだったという説を述べる人もいる。今回は大きい方の6.0を採用してみよう。朝鮮戦争のときは0.8メガトンだった。ベトナム戦争も非常に長い期間，北爆などでナパーム爆弾など爆発物を随分使ったが，それでも4.1メガトンである。この第2次世界大戦，朝鮮戦争，ベトナム戦争のすべてを合わせると，約11メガトンである。20世紀末の核兵器の破壊力が7,700メガトンだと推測されるので，ちょうど700分の1だろうか。第2次世界大戦，朝鮮戦争，ベトナム戦争で使われた爆弾の爆発力をすべて集めても，20世紀末に地球上に蓄えられている核兵器の700分の1でしかなかった。私たちは，そのような時代の連続に生きている。これがどういう意味を持っているのかを考えてみなければならない。今，こうした資料は大ざっぱな形で紹介した。先ほど紹介したウェブサイトに入ると，もっと細かい事故の表や実験回数など，いろいろなものを入手することが可能である。これも，ぜひともトライして，自分の頭で，核兵器とは何か，今の世界にどういう意味を持っているのかを考えてみてほしい。

第12講
経済関連指標と世界の現実

この講では，経済の指標である人口，生産，貿易の３つから平和をどのように考えるかについて見ていこう。人口爆発は，さまざまな不足を生み出す。具体的には，食料，住宅，用水，雇用などが非常に不足してくる。ところが，よくよく地球全体の動きを見てみると，科学技術が発達した結果，グローバリゼーションが起こっている。その背景では，生産力が人口の増加を上回る勢いで上昇していて，さらに，国境を越えたモノやカネの取引，貿易額が急増している。ここで１つの疑問が出てくる。生産力や貿易額が増したことで，人口増加の不足を乗り越えて世界は豊かになったのだろうか。これは平和の実現にどのような影響を及ぼしているのだろうか。それを皆さんと一緒に考えてみたい。

【経済関連の指標から平和を考える】

平和を考えるときに重要な経済指標は，人口，生産，貿易の3つである。では，まず，経済関連の指標から平和を考えたい。図12-1は，経済を捉える俯瞰図（上から全体を見渡したもの）である。経済活動の中には，生産，消費，廃棄の3つのプロセスがある。経済学の先生方は，あまりこういうことは言わないかもしれないが，私が経済活動を見るとこのようになる。生産と消費と廃棄，その間に流通などが挟まれてモノが運ばれる。

外側の円は，自然であれ人為的であれ，環境を指す。一番上にある中くらいの円を，生産と考える。では，ここで言う生産とは何だろうか。環境から原料となる物質（気体・液体・固体）を収集，あるいは他の製品（すでに製品となっているもの）を原料とし，その形状や性質を変化させ，解体と合体とを繰り返すことにより製品を生み出すことである。生産されたものは，次の右下の消費に回される。消費し終わったもの，消費しきれないものは，そのまま環境に戻るもの（余った原料，余剰熱量など），そして，廃棄にまわるものがある。廃棄の中でも，実際に何らかの使い道があるものはリサイクルにまわる。このように，廃棄の円の中でも同じ過程が繰り返されて，リサイクルで使われるものはまた生産にまわる。ところが，この処理能力を超えている，どうしようもないものは，そのまま環境に戻る。例えば，賞味期限が切れたもの，あるいは包み紙だろうと，とにかく消費されずに環境に戻されるものを指す。このような循環があって，地球上の経済は成り立っている。

このように，すべてのプロセスは限りなく，生産，消費，廃棄と流通の4つの要素が入れ子細工になって存在する。生産と消費と廃棄のプロセスのたびに，環境とのやり取りが生じている。これが経済の実態である。今の経済が環境にやさしいか，やさしくないかということが議論になるが，これは簡単なことで，廃棄しうる能力に応じて生産量を決定すれば，環境はおかされない。廃棄しうる能力を超えて生産をしてしまえば，環境をおびやかす。面白いことに，消費量から生産の計画を立てるのが，いわば社会主義などの計画経済である。それに対して，生産をどんどん競争して行い，捨てる部分が出ても仕方がないというのが，資本主義の自由主義市場経済と言える。

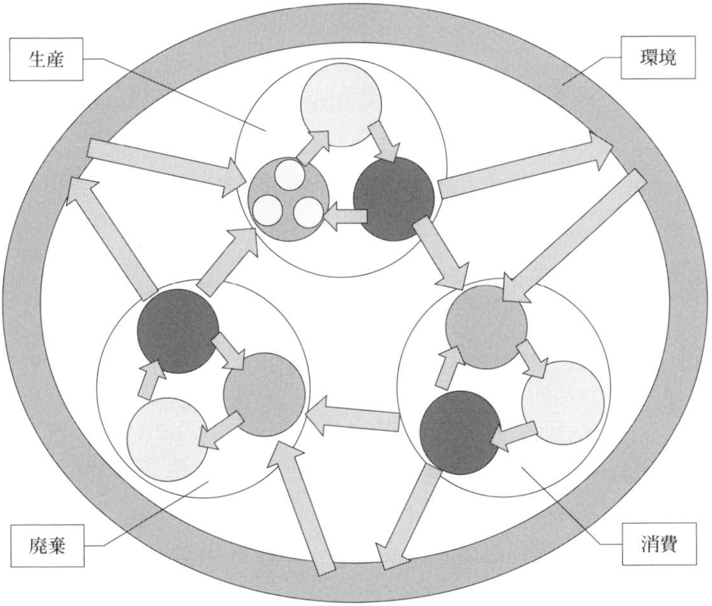

図 12-1　経済を捉える俯瞰図（生産・消費・廃棄—入れ子と循環）（筆者作成）

【人口】

次に，人口から考えてみよう。「人口爆発は，さまざまな不足をもたらす」という言葉は，「マルサスの罠」で有名な人口学者，トマス・ロバート・マルサス（Thomas Robert Malthus, 1766-1834）の命題である。人口が増えすぎると，いろいろなものが不足してくる。中でも，食料が不足してくる。あるいは，住宅が不足してくる。命の水とも言うべき用水が不足してくる。そして，そもそも人が余ってしまうので雇用が不足してくる。

産業革命以降，世界の人口は爆発的に増加した。ここで，食料供給が生存維持水準以上になれば，人口が増加することになる。しかし，食料生産の供給より人口増加のスピードが速いと，遅かれ早かれ生存維持水準に逆戻りしてしまう。この問題をいかに克服するのかが，経済学の重要な課題であった（渡辺，2010）。

象の保護を進める団体エレファントケアは，「1950 年から 2010 年までで，それ以前の歴史で消費した合計以上の資源を人類は消費した」と警告した。歴史をどこからとるかも難しい問題だが，人類が発生して文明を作り出してからだろう。そこから1950年までの間に消費した資源を，わずか60年ほどの間に消費してしまっている。この背景には，ものすごい人口増加があったわけである。

これがいかに異様な増え方だったかは，国際連合人口基金（United Nations Population Fund: UNFPA）の作った，人類の人口変動グラフを見るとわかる（図12-2）。紀元前8000年くらいの旧石器時代までをたどって，そこから産業革命が始まるまで，人口はほぼ変化していないと言っても過言ではない。ところが，1900年には12億5,000万人で，50年後の1950年には，その倍の25億人になった。それから，2000年には61億人になった。2050年には，91億人と予想されている。この20世紀と21世紀の初頭での人口の増え方が，いかに人類にとって異常な事態であるかが，よくわかると思う。

こうしたことを詳しく調べるには，どうしたよいだろうか。例えば，国連ホームページの経済社会理事会の中に，「世界人口の今後の予測」というページ（2010年）があったので，そのデータを使って私がグラフを作ってみた（図12-3)。一番下の基層をなしている部分が，先進国の総人口で，その上の濃い部分が開発途上国，一番上の部分が最貧国と呼ばれる国々である。もちろん，開発途上国から最貧国の数を引いて比べてある。どこが，いったい，人口が増えていくのか。また，これまで人口爆発の層はどこにあったのか。このようなグラフで示すと，それらが一目で歴然とわかる。すなわち，先進国においては，それほど人口に変化はないが，急激に人口を伸ばしたのは開発途上国と呼ばれる国であった。この21世紀も，4半世紀を過ぎたあたりから，最貧国とよばれる国々も人口を増やしていき，2050年で世界人口は91億人に達すると予測されている。

また，国際連合経済社会局（United Nations Department of Economic and Social Affairs: DESA）の人口部（Population Division）と国際応用システム分析研究所（International Institute for Applied Systems Analysis: IIASA）の予測もある（図12-4)。このカーブの形を，よく覚えておいてほしい。世界の人口が，2100年くらいで頭打ちになるカーブを描いている。世界の人口も，どんなに増えていっても，人体を構成する原子の数から想定して，それらすべて人

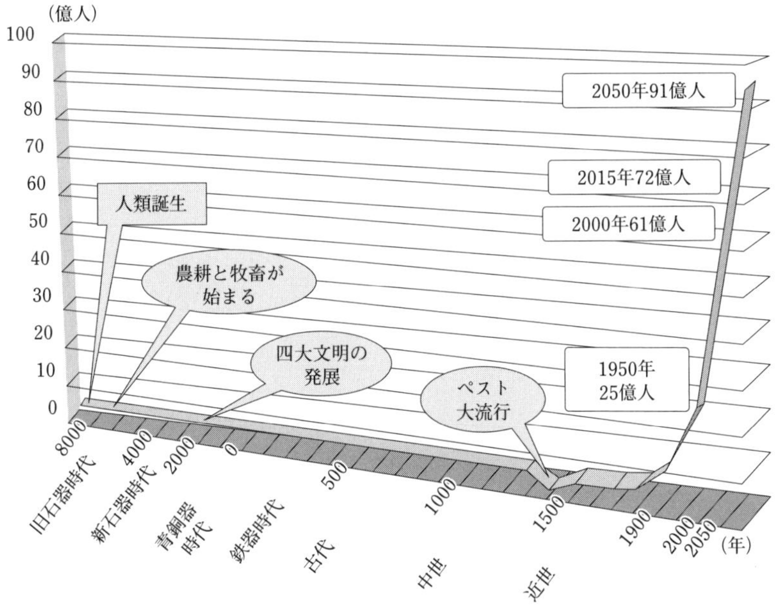

図 12-2　20 世紀の人口爆発（国連人口基金，n. d.）

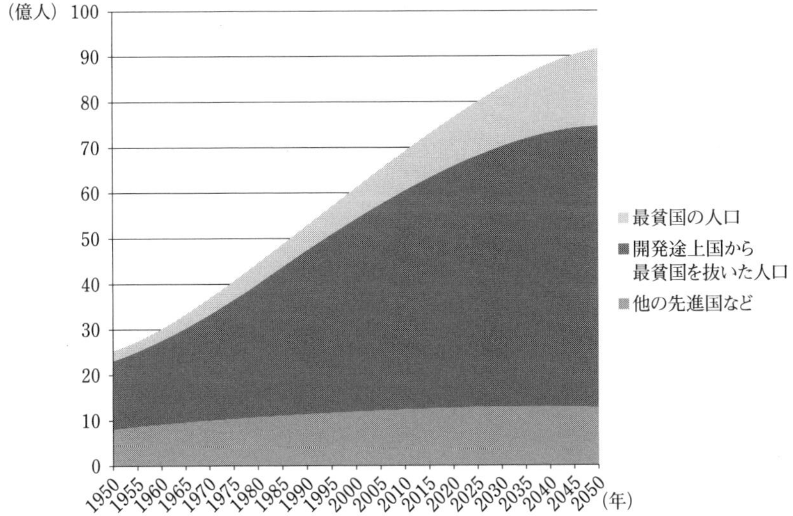

図 12-3　人口推移と予測（http://esa.un.org/unpp/p2k0data.asp から得たデータを基に筆者作成）

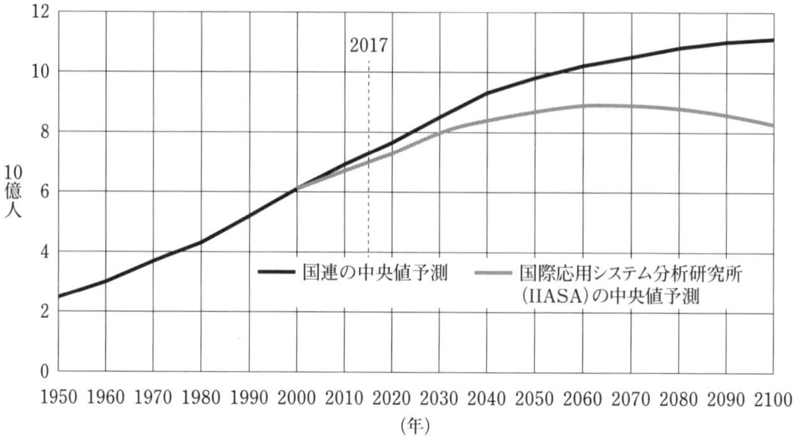

図 12-4　世界の人口予測（Prabhu, 2017）

間を作るのに使ってしまったら，それ以上の人間はできない。そこまで行くことは不可能であるから，必ずどこかで頭打ちになる。そして，今のところ，それは 2100 年くらいではないかという予測がなされている。

コラム 4　『世界人口の今後の予測 2019 年（World Population Prospects 2019）』

私が講義で引用した「世界人口の今後の予測」（DESA）が，その後，アップデートされ，2019 年段階の予測を発表した。その要約の中に興味深いグラフが 2 つあるので，ここで取り上げておきたい。

1 つは，2019 年から 2050 年の世界の人口増加に，どのような地域の国々が関わってくるのかについての予測である（図 12-5）。南アジアのインド，パキスタンとサハラ以南アフリカのナイジェリア，コンゴ，エチオピア，タンザニアなどが，主たる増加地域であることがわかる。

また，国別の人口の増減をランキングの推移でみると，日本のランク枠からの脱落をはじめ，2019 年段階ではトップ 10 に入っていない国々がランキング入りし，現在の状況とは全く景色が変わるのがわかると思う（図 12-6）。先ほど言及したナイジェリア（7 億 3,000 万人），コンゴ（3 億 6,000

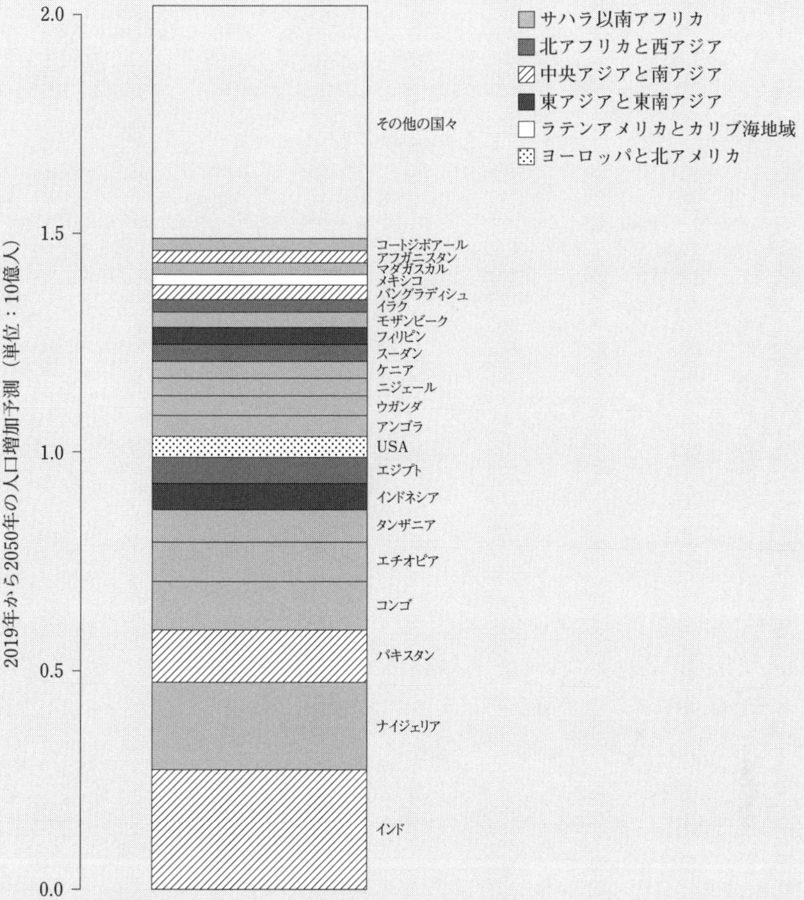

図 12–5　中位推計による 2019 年から 2050 年の国別人口増加予測ランキング（United Nations, 2019）

万人），エチオピア（2億9,400万人），タンザニア（2億8,600万人）が，どのように世界人口の中でプレゼンスを示していくのかが見えてくるだろう。

これらのグラフは「世界人口の今後の予測」の要約の中にあるものだが，総務省統計局（2020）がこのサイトの使い方を詳しく説明してくれている。皆さんも，ぜひ，活用してみてほしい。

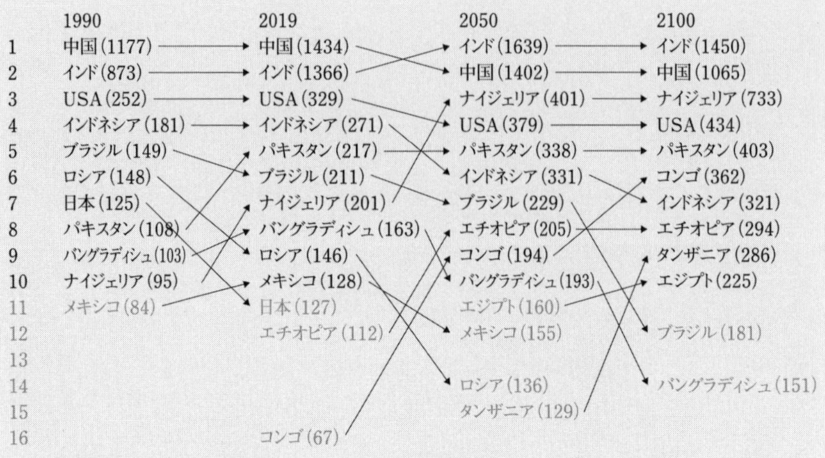

図 12-6　世界の国別人口トップ 10 の推移と将来予測（United Nations, 2019）

【生産と貿易】

人口については，人類の歴史の中で，この 20 世紀と 21 世紀に，異常な勢いで増えていることがわかった。では，生産はどうであろうか。

図 12-7 に，オックスフォード大学が発表している，人類のおよそ 2000 年間の GDP 総量のグラフがある。グラフでは数量までは明示しなかったが，元のデータを見ると，19 世紀までほぼ横ばいに近い形をしているが，1820 年に 1 兆 2,000 億ドル，1900 年で 3 兆 4,200 億ドル，1950 年で 9 兆 2,500 億ドル，2013 年には 101 兆 2,700 億ドルまで急速に増加している。1900 年に比べると約 30 倍，1950 年に比しても約 11 倍である。

人口は，1950 年に 25 億人で，2013 年に 70 億人強であるから，3 倍弱の増加となっている。それをしのぐ勢いで，地球上では GDP の総計も増えている。ここから発想できることは何か考えてみなければなるまい。人口が 3 倍弱の増加である一方，生産力が 11 倍になった分，人類は豊かになったのだろうか。ただ，これは非常に浅いものの見方であるということを後で述べる。

【貿易額】

では，その作ったものを売り買いし，国境を越えて皆が交換し合う，貿易額

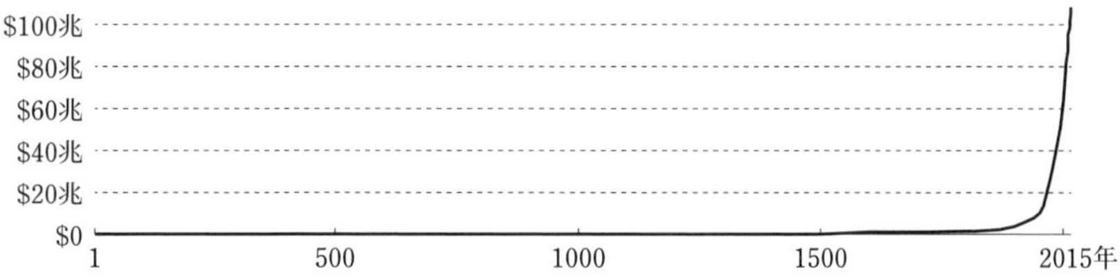

図 12-7　2000 年間の世界の GDP の推移（https://ourworldindata.org/grapher/world-gdp-over-the-last-two-millennia）

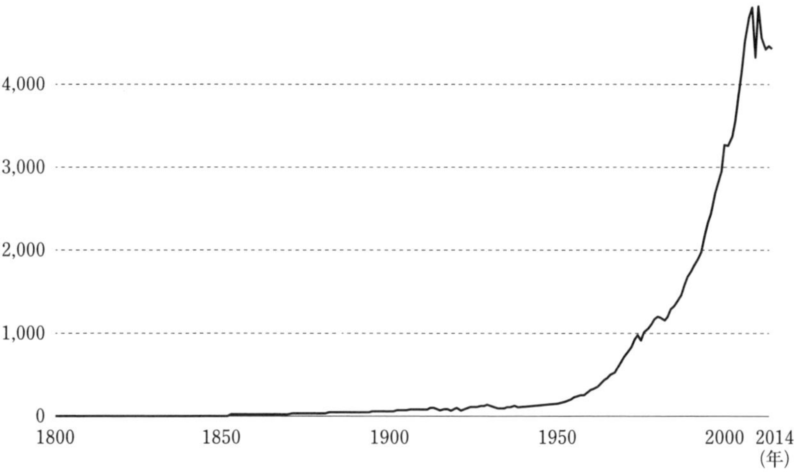

図 12-8　世界の貿易高の推移（1913 年の貿易高を 100 とする）（https://ourworldindata.org/trade-and-globalization）

はどうだろうか。図 12-8 は，図 12-7 と同じオックスフォード大学のもので，1913 年の世界の輸出高を 100 としてその伸び方を示している。実は，貿易額は，人口や生産などの増え方を完全に引き離すような増え方をしている。21 世紀になった段階で，1950 年の 150.42 から，2010 年では 4928.65 と，33 倍ほどに増えている。さらにこのグラフから読み取れることは何だろうか。世界中で生産が増えて，ものすごい勢いでそれらを国境を越えて交換するのだから，世界中は皆，平等に豊かになっただろうと想像するかもしれない。ところが，実はそうではない。それも，やはり浅い見方であることを，後ほど述べたい。

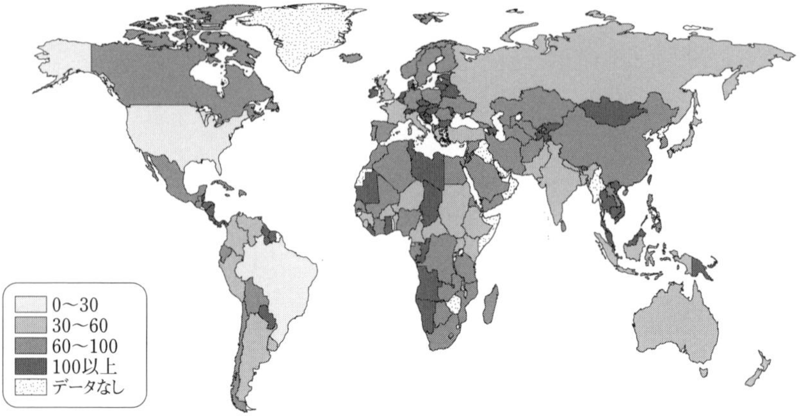

図12–9　GDPに対するモノ，サービスの輸出入額の割合（2007年）（WTO, 2009; https://www.wto.org/english/res_e/statis_e/its2009_e/maps_e/m03.xls）

図12–9は，1国のGDPと貿易の輸出入の割合を示した地図である。色が薄いところほど，GDPに対する輸出入の割合が低い。一番濃いところは，輸出入の割合が100パーセントを超えている。つまり，国内生産よりも，輸出と輸入を足した貿易額の方が大きい国を示している。いわゆる第三世界という国々は，貿易に頼っている割合が実に大きい。世界中に物を売って，世界中から買っているような印象を受ける。これも頭の中に入れておいてもらいたい。これは良いことのように考えられるが，ところが，それもまた，誤った，浅はかな観察だということが，後ほどわかるだろう。

図12–10は，製品や商業的なサービスが1人あたりどれくらい輸出されているかを示した地図である。今度は，第三世界の国々よりも，アメリカやカナダ，ヨーロッパ諸国，日本，韓国，オーストラリアといった先進国と呼ばれる国々の方が，1人あたりの輸出額が圧倒的に大きいことがわかる。この2枚の地図を重ね合わせてみると，どのようなことが言えるだろうか。第三世界は，貿易に頼って生きている。ところが，輸出額を1人あたりで見てみると，先進国の方が大きい。この謎を，両方の命題からよく考えて，解いていってほしい。

今，言ったことを飛び越えて，1つの結論を先に述べよう。われわれが今，生きている時代は，人口が異様な勢いで増え，それにも増して科学技術が異様

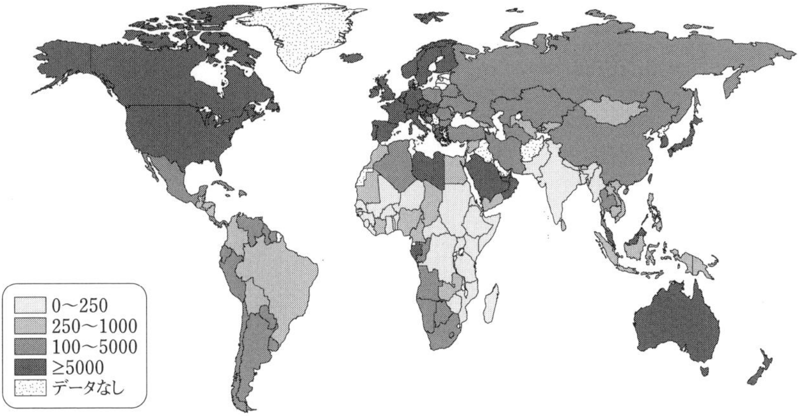

図 12–10　1人あたりのモノ・サービスの輸出（単位：米ドル）（WTO, 2009; https://www.wto.org/english/res_e/statis_e/its2009_e/maps_e/m04.xls）

に発展した世紀である。国境を越えて，モノ・人・カネ・情報が行き交うようになった。それまでではとても考えられないようなスピードと量で，モノが行き交う時代が到来したのである。その結果，「相互依存の時代」や「グローバル化の進展」と言われるようになってくる。

そのときに，先ほど述べたように，世界中が豊かになるのではないかと思うだろう。そうであったら大変よいのだが，実は，ここで世界には格差の増大がもたらされた。先進国同士の中では自分たちの生活がよくなるようにさまざまな物を交換し合う。あるいは，開発途上国からいろいろな物を安く買ってきて，それを製品化して開発途上国に高く売っていく。これでは，格差が広がっていかざるを得ない。

【結果としての格差】

人口が増え，生産が増えた。貿易も大変な勢いで増えて，グローバル化の時代に達した。ところが，世界では，貧富の格差や，戦争での死者数が増大している。ここは，このことを考えてみよう。

南北問題の南側諸国，すなわち低所得の国々は「第三世界」と呼ばれた。第三世界の共通点は，西欧列強の植民地になって，独立を果たした国々であることだった。その理解を深めるために,「第一世界」,「第二世界」がどこを指すのかも紹介しておこう。第一世界とは,冷戦の相手同士であるアメリカとソ連(ロシア)で,どちらも,人口も技術力もあり,資源も持っている大国である。それに対して,第二世界とは,1つは西側諸国,西ヨーロッパの北大西洋条約機構(North Atlantic Treaty Organization: NATO)加盟諸国や,アメリカの下について市場経済を守ってきた日本などの国々とされる。もう1つは東欧諸国で,ソ連について計画経済を守ってきた国々であるとする。

「第一世界」,「第二世界」,「第三世界」という分け方には,もう1つの説がある。第一世界は古くからある資本主義の世界,第二世界は新たに登場した社会主義の国々,そして第三世界は植民地であった国々であるとする。どちらの分け方もよいと思うが,くしくも,第三世界がまったく同じ場所を指している。

こうした第三世界の国々が,低所得の中に置かれていることを見ていこう。図12-11は,国連のホームページから「1946年以降の加盟国数」のデータを取り出してグラフ化したものである。下の部分は,国連設立当初から加盟している「原加盟国」と言われる国々で,51カ国あった。濃い色の部分は,独立などの後,国連に加盟した国々である。1950年代に1回,ぐんと加盟国が伸びたところがある。これは第1波と呼ばれ,アジア諸国が独立を果たした時期である。そして,1960年代に第2波が始まる。1960年は「アフリカの年」と言われ,アフリカ大陸だけで17の独立国が誕生した。1975年,旧ポルトガル領の国々が独立して国連に加盟した(2019年現在では,193カ国の国連加盟国。うち54の加盟国がアフリカ大陸にある)。それから,もう1つ,冷戦終結後,ソ連邦の解体あるいは東欧諸国の変革によって加盟国数が増えてきたのが第3波である。このように,国連の加盟国数の変遷には大きく3つの波が見られるが,第1波,第2波が第三世界の植民地からの独立を示している。

では,次に,この濃い色で示した部分の内側の国々は,どのような国々なのかを見ていこう。第7講でも触れた人間開発指数(HDI)という有名な指標がある。例えば,1人1人がその国できちんと教育を受けているか,食料は足りているか,平均余命は長いか,といったことを組み合わせて,人間が人間らしく生きることができる国であるかどうかを見る指標である。こうした指標が高い国は,ほぼ,先ほど述べた先進国である。指標が中間に位置する国々には,

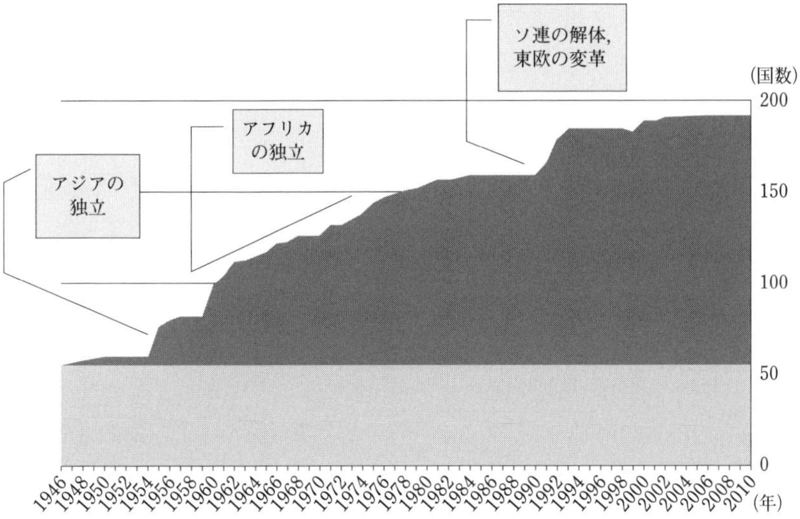

図 12-11 国連加盟国数の変遷（筆者作成）

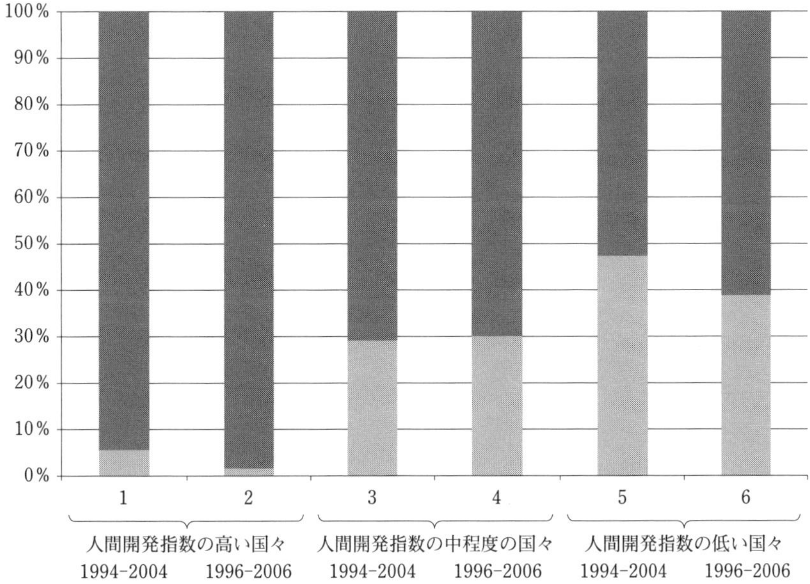

図 12-12 人間開発指標と武力紛争（http://www.ploughshares.ca/imagessrticles/ACR08/humdev07.pdf などを基に筆者作成）

すでに発展を開始した中国やブラジルなどに代表されるような，開発途上国の中でも資源がある程度付与されていて，発展する見込みがある国々が入ってくる。

図12–12の棒グラフを見てほしい。2本ずつセットになっていて，左側が1994年から2004年の10年間，右側が1996年から2006年の10年間の値を示している。これは，人間開発指数で国々を分けて見た場合，どの集合が一番多く武力紛争に巻き込まれているかを示したもので，下の薄い部分が紛争に巻き込まれた国々の割合，上の濃い部分が武力紛争に巻き込まれなかった国々の割合である。

人間開発指標が最も高い先進国は，ほとんど武力紛争を行っていない。人間開発指数が中間に位置する国々では，約3分の1が武力紛争に巻き込まれている。そして，人間開発指数が低い国々では，1994年から2004年の10年間には，半分近くが武力紛争を行っていたことがわかる。先ほど，人口のところでも述べたように，それらが最貧国であり，植民地から独立したばかりの第三世界の国々である。生産が増えても，貿易が増えても，こうした国々にはよい影響が及ばず，結果として，格差が世界規模で開いていくのである。

【人間開発指標と武力紛争の影響】

先ほどの棒グラフのデータ元資料によると，国連の2007年・2008年版HDIの最も高い国々，一番発達している先進国群では，1998年から2007年の10年間で1件前後の紛争しか経験していない。それに対して，人間開発指数が中位にランクされた国々では，その数値が30.6パーセントにのぼり，さらに，低位にランクされた国々では54.5パーセントにもなる。

今，述べたような紛争が起きたときに，その紛争を停止させたり，紛争停止後ずっと監視したり，あるいは紛争で乱れてしまった社会をどのように復興させたらよいかを平和構築と呼ぶ。前にも述べたように，その仕事は，国連ではPKOが行う。2007年から2008年の会計年度に，PKOで使われた予算は，68億ドルであった。ところが，この68億ドルという額は，同じ年に世界全体で使われた軍事費の0.5パーセントに相当するにすぎない。すなわち，戦争を抑えて平和を構築していこう，社会を治していこうという方面に使われた予算は，

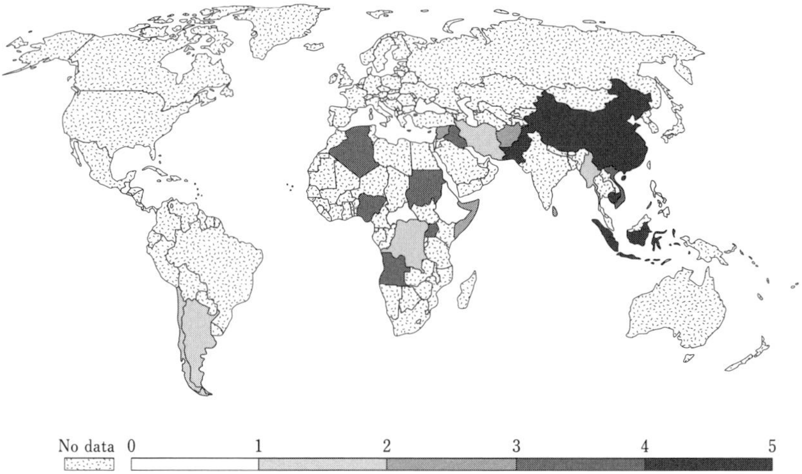

図 12‒13　1955‒2014 年の集団虐殺の大きさ（5 段階評価）（Roser & Nagdy, 2020）

世界中で戦争をするのに備えて武器などを蓄え，あるいは紛争を継続していて武器を使ってしまっているためにかさむと言われている軍事費のわずか 0.5 パーセントであった。この世界は何か間違っているのではないか。助けることよりも戦争を行う方に 200 倍のお金を使ったのだと言いかえることも可能だろう。

図 12‒13 は，1955 年から 2014 年の間に，ジェノサイド（集団虐殺）や政治的な理由によって人が殺されたことを，強度で国別に表したものである。アフリカではルワンダの 4〜5，アルジェリア，ナイジェリア，スーダン，ウガンダ，アンゴラの 3〜4 と続いている。右の方にくると，アジアで，中国，パキスタン，カンボジア，インドネシアの 4〜5，ベトナム，イラクの 3〜4 と続いている。他には，ボスニア・ヘルツェゴヴィナが 3〜4 の範囲に入る。これらはどういう国々だろうか。バルカン半島の問題を横に置くと，そのほとんどが，先ほどから述べている第三世界の国々であり，最貧国であり，植民地から独立した国々である。そうした国々が，このような大殺戮《りく》や政治的な抑圧によって人を殺すことをずっと続けてきたということがわかる。皆さんもお気づきだろう。おそらく，そうした武力紛争の背景の 1 つに，経済格差や貧困が潜んでいたのである。それを理由に，これほど多くの人々が命を落としているということが，経済的な指標を見て，そこからフィードバックすることでわかってくる。

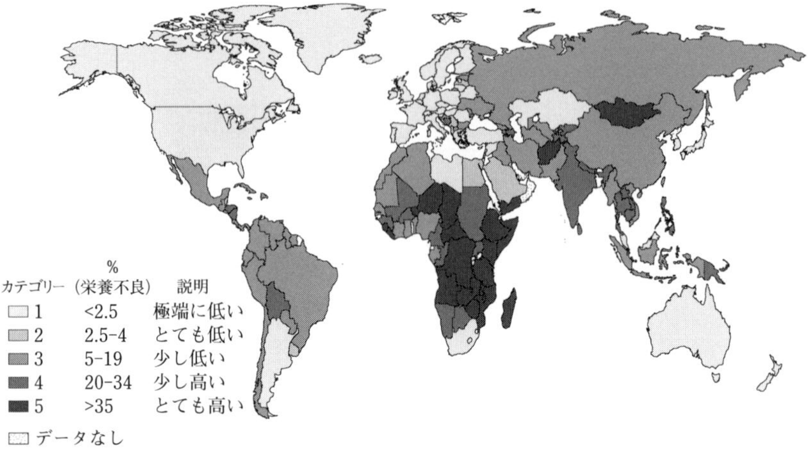

図12-14　世界で蔓延する栄養不良（FAO, 2006）

【拡大する栄養不足】

ここまでで，開発途上国が，人口，生産，貿易の3つの観点から，かなり悪い状況にあることが理解できただろう。中でも，私が最も心配するのは，経済格差が広がることから生じてくる食料の問題である。マルサスも，人口爆発が起こると食料不足が起こると説明している。図12-14に，栄養不足になっている人がどれくらいいるかを地図上に落としたものを示した。栄養不良（undernourished）とは，普通，人間として生きている以上，最低これだけは必要だというところまで達しないカロリーや栄養素しか摂っていない，栄養不足の状態のことである。その数が多いほど濃い色で示されている。日本やアメリカ，西欧などには，そういう人は少ないが，逆に，第三世界には，そうした人々がたくさんいることがわかる。

図12-15は，2000年から2002年のデータを表した地図である。栄養不足の国は圧倒的に赤道付近に多く，開発途上国，新興独立国と言われる国々であることがわかる。

図12-16は，FAOの2010年のデータであるが，このころは9億2,500万の人々が栄養不良にあった。しかも，アジア太平洋で5億7,800万人の人々が飢餓状態にあったと記載されている。

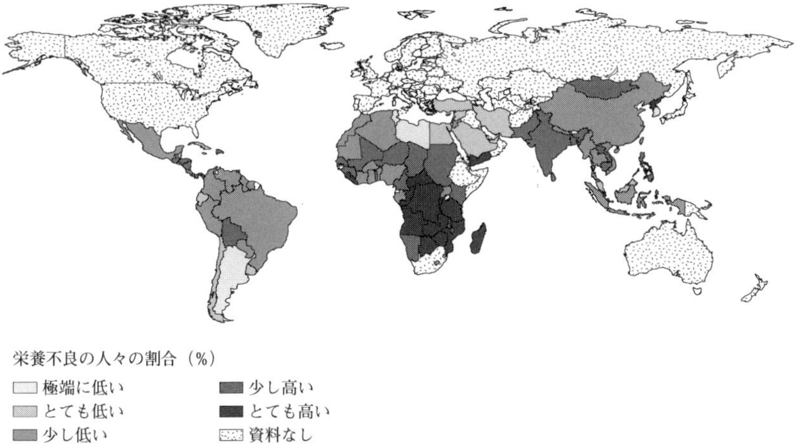

図 12‒15　国別の栄養不足人口の占める割合（2000‒2002）（FAO, 2006）

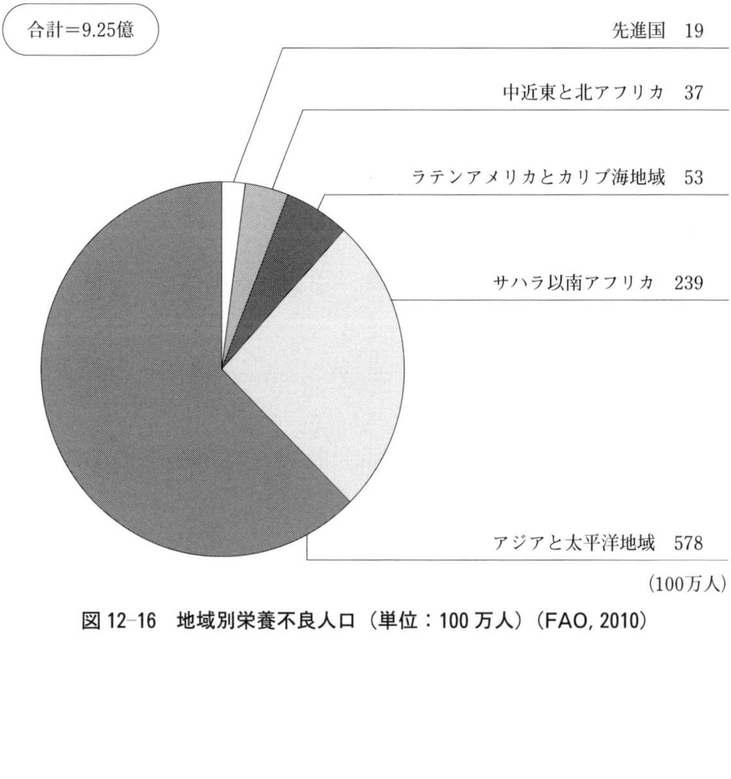

図 12‒16　地域別栄養不良人口（単位：100 万人）（FAO, 2010）

ここにFAOの「栄養不良と（undernourishment）や慢性的飢餓（chronic hunger)」の定義が書いてある。

> 食物摂取量が定期的に最低エネルギー要件を下回っている人の状態。1人あたりの平均最小エネルギー要件は，1日あたり約1,800 kcal。正確な要件は，人の年齢，体の大きさ，活動レベル，および病気，感染，妊娠，授乳などの生理学的条件によって決まる。
>
> http://www.fao.org/hunger/basic-definitions/en/

図12-17も栄養不足の人々を示している。2009年から2010年にどんと下がり，2008年の水準にまでなった。10億2,300万人から9億2,500万人に変化した。この背景には，さまざまなことが言われている。例えば，ミレニアム開発目標（MDGs）の成果もなきにしもあらずということもここには書かれている。

【飢餓の記述】

このグラフのデータからわかることを文章表現でまとめたものが，WFPから，このような形で出されている。

> 1億1,500万人もの人が新たに飢餓に陥りました。現在，世界の飢餓人口は10億人近くにまで上っています。世界の全人口のうち，およそ7人に1人が飢えているということになります。
>
> http://www.wfp.or.jp/kyokai/hunger.html

今，地球という星で，われわれは平和に暮らしているように見える。過剰に食べて過剰に残す，「過食」と言われるような国に今や日本はなっている。しかし，実際には，人類の7人に1人が飢えていて，餓死する人もまだまだたくさんいる。20世紀に入って，人類は，餓死からは免れるようになったというのが定説だが，その人々の間の配分が悪いために，まだまだ，食べる物がなくて，免疫力が落ちて病気になって，命を落とすことが非常に多い。

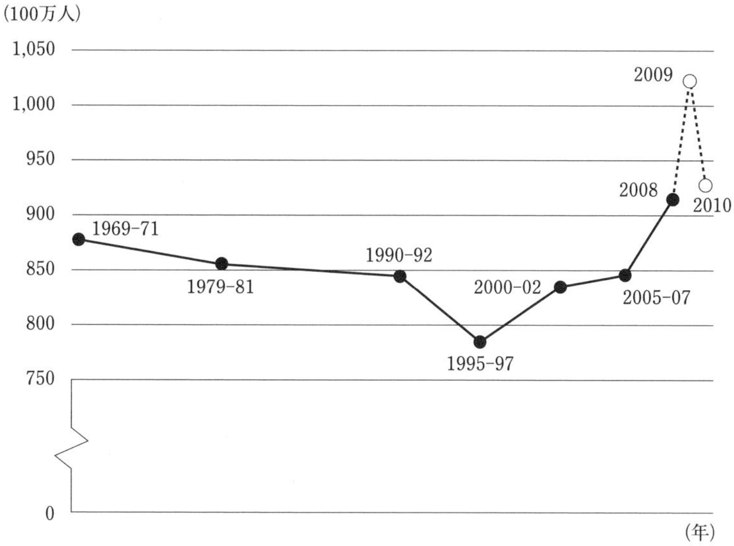

図 12-17　1969 年から 2010 年の世界の栄養不良人口（FAO, 2010）

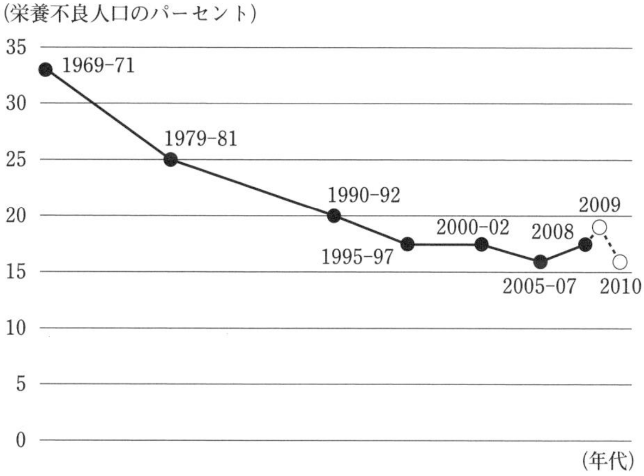

図 12-18　1969 年から 2010 年までの開発途上国の栄養不良人口の割合（FAO, 2010）

> 毎日2万5,000人が命を落としています。そのうち，5歳以下の子どもは1万4,000人を占めます。時間に直すと，6秒に1人，子どもが飢えを原因として命を落としています。
>
> http://www.wfp.or.jp/kyokai/hunger.html

6秒に1人ということは，今，こうやって講義で1分話している間に10人が，10分話すと，その間に100人が命を落としていることになる。多くの子どもたちが，今，目の前に食べるものがないという原因で命を落としていく。これが世界の現実である。しかも，それがしわを寄せるがごとく，第三世界，旧植民地の地域，開発途上国に向かって動いている。

その原因とされるものはたくさんあるが，干害や冷害といった自然現象ばかりではなく，かなり人為的な現象が含まれていると考えられる。その中の1つが武力紛争であることは，疑いようがない。

コラム5　2018年版「世界の食料安全保障と栄養の現状」報告書から

FAOは，2018年版「世界の食料安全保障と栄養の現状」報告書の中で，「世界の栄養不足人口は2014年以来増加傾向にあり，2017年には飢えに苦しむ人々は8億2,100万人，そして1億5,000万人以上の子どもたちが発育阻害にあり，飢餓撲滅の目標達成が厳しいもの」となっていると結論づけている（FAO, 2018)。

2018年までの過去3年間，飢餓は増加を続け，10年前の状況に逆戻りしてしまっている。この後退は，持続可能な開発目標（Sustainable Development Goals: SDGs）で定めた「目標2：飢餓をゼロに」に向けて，一層緊急に対策が採られるべきであるという明らかな警告であるとも報告書は述べている。FAO，WFP，およびWHO，国際農業開発基金（International Fund for Agricultural Development: IFAD)，国際連合児童基金（United Nations Children's Fund: UNICEF)，の各機関の長が，共同の序文で，「食料不安やさまざまな形態の栄養不良の憂慮すべき増加の兆候は，

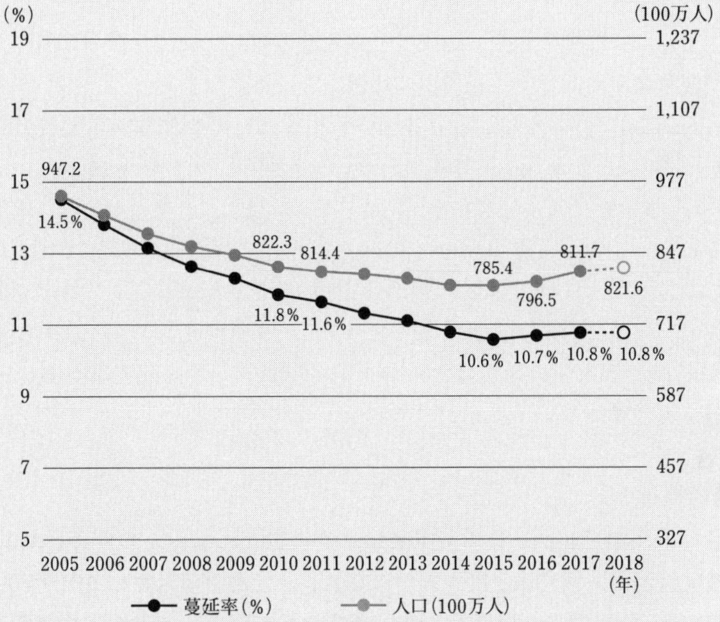

図 12-19 世界の栄養不良人口（点線と白丸で示した部分は予測値。FAO, 2019）

食料安全保障と栄養改善に関するSDGsの目標達成に向け，『誰一人取り残さない』ようにするためには，依然として相当の努力が必要であるという警鐘を鳴らしている」と警告しているのである。そして，これらの栄養不足人口の増加と気候変動の関連性が指摘され，気候変動性や極端な気象現象に対して，食料システムや人々の生計のレジリエンス（強靱性）と適応能力を強化しなければならないと述べている。

【不足を乗り越え世界は平等に豊かになったのだろうか】

人口の増加は，主に開発途上国で起きている。こうした開発途上国は，相対的に国民所得の低い国々である。つまり，平たく言えば，物質的に貧しい国々で人口増加が起きているということである。ところが，人口が増えているのに，保健や衛生など，人間らしい生活を送ることができる指標は，ほとんど国民所得に比例して低いままである。例えば，医師の数は，やはり国民所得が高い国の方が多い。看護師の数や，病院などの施設の数も，やはり豊かな国の方が多い。平均余命も，同じく国民所得に比例している。

UNICEFは，2018年に，世界各国の新生児死亡率を比較する報告書『すべての子どもに生きるチャンスを（*Every Child ALIVE*）』を発表した。日本は「赤ちゃんが最も安全に生まれる国」とされ，1,000人あたり0.9人の新生児死亡率である。一方，最悪のパキスタンが45.6人，中央アフリカが42.3人，アフガニスタンが40.0人と続く。最悪の10カ国中の8カ国が，これまで指摘してきたような，貧困や紛争に苦しむサハラ砂漠以南のアフリカである。UNICEFは，新生児の死亡は大半が予防可能だとして，死亡率が高い国々への支援を訴えている。

【貿易の構造】

貿易が増え，生産が高まり，世界は平等に豊かになったのか。18世紀ころの指標では，今，開発途上国と言われる国々と先進国と言われる国々の間の国民所得の差は，1対1.5程度だったと推測されている。それが，今では，1対何百，何千と格差が開いている。つまり，相互依存やグローバリゼーションによって，世界の格差は逆に増したと言えるだろう。このような変化は，所得やHDIといった現代の指標でつかむことができる。

なぜ，このようになってしまうのか。まず，貿易の構造を見ながら，少し解き明かしてみよう。それには，国際連合貿易開発会議（United Nations Conference on Trade and Development: UNCTAD）を作り，初代総裁を務めたラウル・プレビッシュ（Raul Prebisch, 1901–1986）の理論を報告書『開発のための新しい貿易政策を求めて（*Towards a New Trade Policy for Development*）』から借りて考えるのがよいだろう。

問題となる貿易の構造として，第1に挙げられるのは，第2講のカスケードモデルで説明したモノカルチャー構造である。これは，植民地時代に形成された経済構造と貿易構造が，依然，その片鱗を維持していることが原因となっている。例えば，ギニアならゴム，ベトナムならコメといったように，その植民地に最も適した産品を1つに決めてしまい，それ以外は作らせずに，国土のす

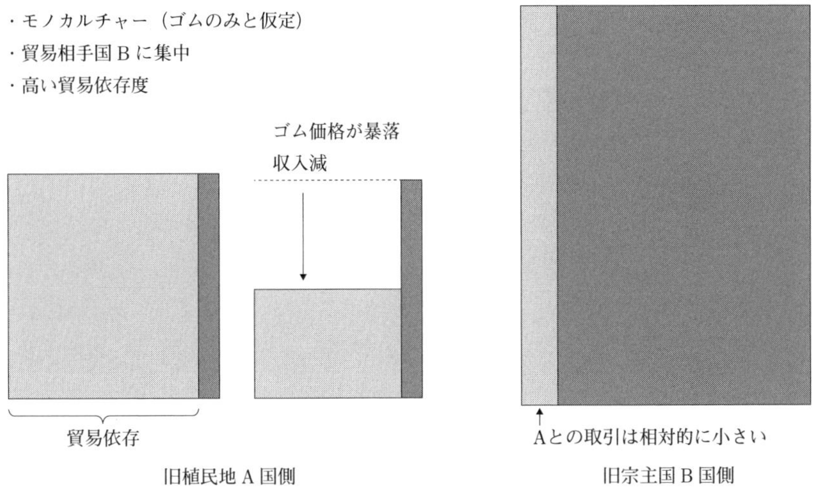

図 12–20　貿易の構造（筆者作成）

べてをその作物に替えてしまう。そのような経済構造をモノカルチャーと言う。

植民地時代に，ほとんどの植民地がこうしたタイプの経済構造を持つことを強要された。図 12–20 の左側は，例えば，薄いグレーの部分がゴムだとしたら，その他の作物は斜線の部分しか生産していないことを表している。ところが，ここで作られる物のほとんどが１次産品で，食物や鉱物などの加工していない物である。そうすると，値動きが激しいので，例えば，ある年，キューバでは砂糖，チリでは銅の値段が，一気に半分となってしまえば，ほぼそれだけの収入で成り立っていたモノカルチャー構造の国は，図の真ん中に示しているように，収入全体が低くなってしまう。これが，もし，多様な物を作っているのならば，たとえ１品が半分ほどの価格に落ちても，他の物でカバーしリスクを分散できる。ところが，モノカルチャー構造を取っていると，ここまで行くと復活する見込みがないのではないかというところまで，経済が痛めつけられてしまう。

それに加えて，モノカルチャー構造の国は，貿易の相手国が非常に少ない国々に限定されている。つまり，フランス領ならフランス，イギリス領ならイギリスのように，旧宗主国に集中している。図の右側で，濃いグレーの部分が

A国以外の国，薄いグレーの部分が旧植民地A国を示している。旧宗主国B国側からすれば，薄いグレーの部分がいつなくなっても影響を受けず，ほとんど相手にしなくてもよいほど，両者の貿易額には大きな開きがある。しかし，旧植民地，つまり開発途上国は，だいたいにおいて貿易に大きく依存している。貿易が半分に減ると，図の真ん中のように，半分しか売れず，半分を捨てたことになる。濃いグレーの側にとっては，薄いグレーが半分になろうが全体であろうが，それほど大きな影響を受けない。このように，同じものを見るときに，互いの認識が異なることを「パーセプション・ギャップ（perception gap）」と言う。例えば，旧フランス領のモーリタニアにとっては生き抜くための重要な手段であっても，フランスにとってはモーリタニア相手に輸出入する物はそれほど重要なものではなく，いつなくなってもよい。開発途上国は，こうした貿易構造を強いられてきたために，常に，非常に不利な立場に置かれてきた。そのため，せっかく作った製品を買いたたかれることが，しばしば，あったわけである。

【プレビッシュ＝シンガー命題】

図12–21は，プレビッシュとハンス・シンガー（Hans Singer, 1910–2006）が作った「プレビッシュ＝シンガー命題」の説明である。左側が先進工業国，右側が開発途上国としよう。先進工業国は，工業製品の生産国で，独占的な市場，組織された労働などが存在する。開発途上国は，食料・原材料の生産国にすぎず，独占された市場を持つわけでも，組織された労働が存在するわけでもない。ここに技術革新の波が押し寄せるとどうなるだろうか。先進国の側では，利益と賃金が大きくなるため，生産者の利益となる。ところが，開発途上国では，物の価格が低下するので，消費者の利益とはなるが生産者の利益とはならない。さらに，国際貿易の効果が起き，工業製品に対する1次産品の交易状態の悪化が起こる。トータルで見ると，先進国は，工業製品の生産国として，そして1次産品の消費国として二重の利益を得る。つまり，技術革新や貿易の効果によって，1次産品を安く買ってきて，今度は高くなった工業製品を売ることができる。逆に，開発途上国では，技術革新の影響でこれまで高い値段で輸出していた1次産品が安くなり，工業製品は複雑な技術が使われるようになるので高

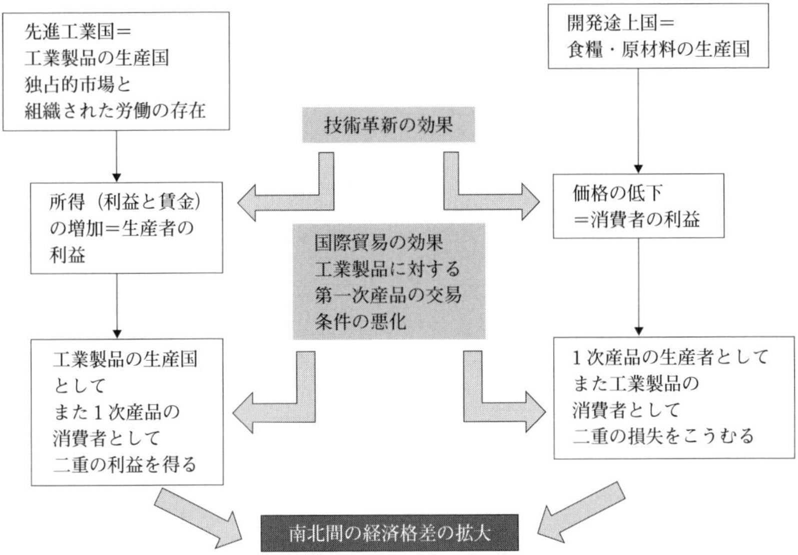

図 12–21　プレビッシュ＝シンガー命題（絵所，1997 を基に筆者作成）

くなる。つまり，開発途上国の場合，１次産品の生産国として，同時に工業製品の消費国として，二重の損失を被る。このようにして，南北間の経済格差が拡大されて，「南北問題」と言われる現象が起こったのである。

【国内の格差：ジニ係数】

国際的な場面ばかりではなく，実は，国内でも格差が広がる。それを測るのが，ジニ係数である。表 12–1 に示したように，例えば，国民を所得に応じて５階層あるいは５分位に分類し，各階層，つまり人口のそれぞれ 20 パーセントにあたる人たちが，国全体の所得のどれだけの割合を得ているかを見る。第１階層は最も所得の低い人たち（最下位），第２階層はその次に少ない人，第３階層はちょうど真ん中で，第４階層はそれより少し上，第５階層は最も所得の大きい人たち（最上位）を示す。

ここに挙げた表によると，ブラジルは全体でジニ係数が 58.0 で，所得が最下位にあたる 20 パーセントの国民は，全体の 2.6 パーセントしか所得がないことがわかる。もし，完全平等であるとすれば，彼らは全体の 20 パーセント

表 12–1　GINI 指標（JICA 研究所，2008）

所得階層	所得シェア（%）				
	所得受取者の割合（%）	ノルウェー（2000 年）	インドネシア（2002 年）	中　国（2001 年）	ブラジル（2003 年）
第 1 階層（最下位）	20	9.6	8.4	4.7	2.6
第 2 階層	40	14.0	11.9	9.0	6.2
第 3 階層	60	17.2	15.4	14.2	10.7
第 4 階層	80	22.0	21.0	22.1	18.4
第 5 階層（最上位）	100	37.2	43.3	50.0	62.1
ジニ指数		25.8	34.3	44.7	58.0

の所得を持っていてよいところ，なんと，わずか 2.6 パーセントにすぎない。一方，最上位の第 5 階層の人たち，すなわち人口の 5 人に 1 人の大金持ちの人たちが，ブラジルの国の富の 62.1 パーセントを握っている。このようなことを，この表から読み取ることができる。不平等が高い国ほど，ジニ係数も高い数値として表れてくる。

図 12–22 は，第 1 階層から第 5 階層が，どれだけ国の富を握っているかを示す所得階層別の所得シェアを示すグラフである。ブラジルでは，明らかに，階層の上位がほとんどの富を握っていることがわかる。国民を 5 つの階層に分けるため，各階層の人口はすべて同じである。にもかかわらず，どう見ても，50 パーセント以上の富を最上位の階層の 20 パーセントが占め，最下位の階層にあたる 20 パーセントの人の所得は 5 パーセントにも及ばない。

これを線グラフに落とし込んだのが，ローレンツカーブと言われる指標である（図 12–23）。縦軸に所得のシェア，横軸に所得受取者の割合を取る。もし，国民全員が 1 年間，同じ給料をもらって働いているとすると，どの階層も所得シェアは 20 パーセントとなり，まっすぐな線で表される。これは，なかなか到達不可能な，完全な平等である。しかし，現実には，下の方に弛んだ曲線になる。

これは，どういうことだろうか。先ほど示したように，20 パーセントの人，5 人に 1 人が，その国の数パーセントの割合しか所得を持っていない。40 パーセントになるとやや伸び，60 パーセントになるとさらに伸びる，これは当然

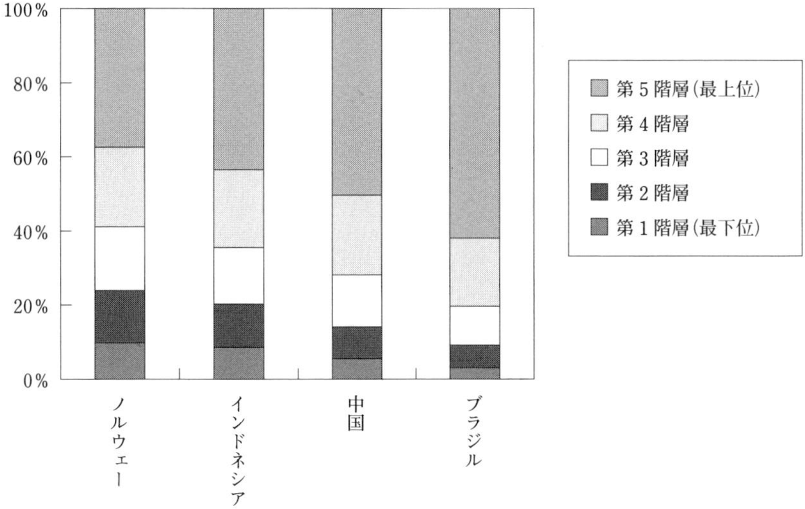

図 12-22　所得階層別の所得シェア（JICA 研究所，2008）

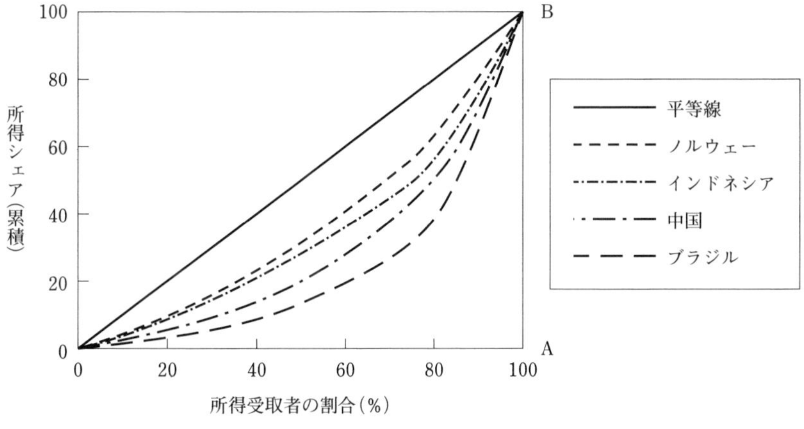

図 12-23　ローレンツカーブ（JICA 研究所，2008）

だ。しかし，のぼりきったところ，だいたい 80 パーセントの人々で所得シェアが 40 パーセントほどだろうか，それ以外を一握りの上の階層の人が握っていることがわかる。本当に平等であればまっすぐになるが，どこの国でも，こ

表 12-2 指数の定義（JICA 研究所，2008）

世界開発指標
① Population below $1 a day，および $2 a day。ただし，$（ドル）は当該国の購買力平価（PPP）での調整値。毎年，各国で採取可能な直近年の数値を記載。
②各国家計調査から算出したその国ごとの National poverty line を基準にした Population living below the poverty line。国全体のみならず，都市部，農村地域の区分の数値も含め，3数値掲載。毎年，採取可能な複数年の数値を掲載。
人間開発報告書
世界開発指標と同様に①②の数値（Population living below $1 a day，および $2 a day，Population living below the national poverty line）を記載。年区分は90年-04年間など，大まかで，全国値のみ。

のように弛んだ形で出てくるのが実情である。

こうした指標が載っている書籍を挙げてみたい。1つは，世界銀行が出している『世界年次報告書（*World Bank Annual Report*）』である。この報告書では，例えば，アフリカなどの地域の現状を指標を使って整理し，SDGs の項目別モニタリング結果などを掲載している。世界銀行東京事務所のサイトで各年の英語版・日本語版全文が公開されている（https://www.worldbank.org/ja/country/japan/publication/annual-report）。

もう1つ，忘れてはならないのが，UNDP の『人間開発報告書（*Human Development Report*）』（https://www.jp.undp.org/content/tokyo/ja/home/library/human_development/human_development1.html）である。これこそ，貧困の問題に真剣に取り組んでいる人々が，世界に向けて毎年発信し公開しているものである。これから，もっと深く，このようなことを調べて考えてみようという皆さんは，ぜひ，これらの資料にアクセスしてみてほしい。

第13講
貧困者の声

前講までは，俯瞰図として，地球という世界を数値に置き換えて現実を表し，地球全体のマクロの理解をすすめた。ここまで，さまざまなデータを取り上げて，それによって世界を把握して，平和をどのように考えたらよいかについて連続してやってきた。この講は，こうした作業の最後にあたる。前講で，経済指標の基本的なものとして，人口，生産，貿易，格差，貧困を数値化したものを見た。これまで数値的なデータばかり見てきたが，ここでは，少し人々の言葉も取り上げてみよう。マクロの視点と逆にミクロの視点を使いながら，虫の目になって貧困者について個々の身体の声を拾ってみたい。

【貧しい人々の声】

ここまで，比較的，俯瞰的な見方をしてきた。そして，ジニ係数を紹介して，各国国内でも所得格差がある点も見た。ここからは，もっと視点を下げて，虫瞰図的に見てみよう。ここで紹介したいのは，世界銀行『貧しい人々の声（Voices of the Poor)』である（Narayan, 2000)。これは，世界銀行が 1990 年代に行った参加型の貧困調査の報告書である。のべ 73 カ国，6 万人に対して，81 カ国もの調査員が調査を行った。それも，手紙を送るような調査方式ではなく，直接，現地に赴いてインタビューをした。骨子は，世界銀行『世界開発報告』2000／2001 年版（“Attacking Poverty”）に掲載されている。

実は，私は，その英語のインタビュー内容を最初に聞いたとき，ひどく間抜けな調査だと思った。どのような内容かというと，調査員が貧しいと思うような人のところに行って，「あなたにとって貧困とは何ですか？」と尋ねたというのである。実際に，調査員が殴られそうになったり，「そんなもの，私の家を見ればわかるだろう。壁に穴が開き，屋根がない。これが貧困だ。帰れ」と言われたりした場面もあったという。ところが，これだけ大量に調査数がそろってみると，やはり使えるものがある。やっただけの価値はあったとの評価に変わってきた。

この報告書『貧しい人々の声（Voices of the Poor)』は，立命館大学とフェリス女学院大学の有志のボランティアによって日本語に翻訳され，世界銀行のホームページで公開されている。『私たちの声が聞こえますか？（Can Anyone Hear Us?)』(2000)，『変化を求めて（Crying Out for Change)』(2000)，『各地から（From Many Lands)』(2002）の 3 部作になっている。少し長いが，その『私たちの声が聞こえますか？』の中からいくつかの例を見ていこう。

これは，ガーナの長老の男性の話である。貧困とは何かと聞かれて答えたものだ。

> 例えば，今朝亡くなった幼い少年は，はしかで死にました。病院に行っていれば，彼の病気が治ったことは明らかです。しかし，両親はお金がなく，彼は長くつらい痛みを味わいながら亡くなっていきました。それははしかではなく，貧困による死だったのです。

> ガーナ　1995年

日本でも麻疹が流行ることがあるが，今の日本の医療であれば，早めに見つければ，まず，死に至ることはない。ところが，このような貧困地帯では，子どもを病院に連れて行って医者に見せるお金がないので，麻疹で死んでしまう。これが貧困だと述べたのである。

次の例は，フィリピン群島南東部に位置するミンダナオ島である。ゲリラの活動がとても活発で，農業もなかなか大変な場所だ。女性たちが，貧困とは何かと聞かれてこう答えた。

> 食べる物がない時に，子供達のためにバナナをゆでます。農業省がトウモロコシの種を配給すると，種を蒔く代わりにそれを調理します
>
> フィリピン　1999年

つまり，それほど食べ物に困っているということだ。種がきたので，それを料理して食べさせてしまう。種をも食べなければ命をつなげない。そして，種をまく時期になると，家族は種を入手するために高利貸からお金を借りる。種を買ってまくが，今度はこのローンを返せない。こうして貧困の悪循環が続いていく。

それから，ウクライナとベトナムの2つの例が出ている。

> 幾度となく，彼女はどちらが食べるかを決めなくてはならなかった。彼女か，それとも息子か。
>
> ウクライナ　1996年
>
> 朝は，サツマイモを食べて働きに出かける。昼は，何も食べずに出かける。そして夜は，サツマイモを食べて眠る。
>
> ベトナム　1999年

食べるものが1人分しかない。いったい今日はどちらが食べたらよいか，決

めなければならない。これが貧困だという。そして，食べるものを選べない，これも貧困である。

まだまだ，たくさん例がある。以下はアフリカのスワジランドとザンビア，マダガスカル，グアテマラの話である。

スワジランドとザンビアの貧しい人々は，食料がないときには茂みからあさった植物の根や葉といった，普段は口にしないようなものに依存している。

スワジランド 1997年
ザンビア 1994年

マダガスカルの最貧困層とは，定期的な食事を諦めざるをえない人々のことを指す。

マダガスカル 1996年

グアテマラの最貧困層とは，生きるために，目に付くものは何でも食べざるをえない人々のことである。

グアテマラ 1996年

どうだろうか。日本で学ぶわれわれの暮らしからは考えられないだろう。ダイエットや，食べ過ぎで生活習慣病になるなど，「何を食べないか」をわれわれは問題としている。ところが，こういう人たちは，「何が食べられるのか」を一生懸命考えて生活せざるを得ない。まるで逆の形になっている。

次は，ギニアのビサウの話である。子どもに食べさせる物がないので，仕方がなく近所で物を分けてもらっている。子どもに対しても非常に恥ずかしいが，食べさせていくためには，物乞いに近いようなことまでやらなければならないというのである。

（家族に持ち帰る）食べ物がない時は大抵，近所の人や友達から分けてもらっています。そんな時，子供の前に立っていることが恥ずかしくなるのです。失業中は肩身が狭く，これはひどい状態です。

ギニア 1994 年

貧困とは，本来は物質的なものであるが，その一方で，子どもに食事を与えることができないという心理的苦痛や，次の食事にありつけるかどうかへの不安感，食料を持たない恥辱感といった強烈な価値観が精神的な影響を及ぼすこともある。

また，ブラジルの例では，子どもが飢える姿は見たくないので，親たちは自分の食事を抜いて，不安定な食料供給に耐えている。

貧困とは「家に帰り，お腹をすかせた子供を見ても，食べさせる物がないことです」

ブラジル 1995 年

タンザニアでも同じようなことを母親が言っている。これが貧困の実態である。

毎日おなかをすかせている子供に，会わせる顔がありません。

タンザニア 1999 年

以下の例は，子どもの心を非常に傷つけるような貧困の形である。貧困家庭の子どもには昼食が配給され，着るものも古着が配給され，教科書はコピーが渡される。これも貧困である。

子供に配給される無料の昼食は，他の子供とは別のテーブルで支給され，質も悪い。両親の中にはそういった昼食の代金を払うために，地域社会の作業に携わる者もいる。しかし，他人のお金で食べていると他の子がはやしたてると，子供たちは屈辱感を覚える。

ラトビア 1998 年

次のマケドニアも，紛争によって国自体が非常に貧しくなったところである。

> 私達の人生は終わりました。ただ，子供達を見ると胸が痛みます。娘は子供を養うために，時々「ジト ルークス（Zito Luks）」というパン屋から家畜用の古いパンをもらってきます。私はそんなことをしたことがありませんでした。若い頃は今より貧しかったのですが，食べ物に困るようなことはありませんでした。
>
> マケドニア　1998 年

それほど諦めてしまっている。このような例がいくつもある。

これは，アフリカの中央に位置するウガンダで，貧困のため薬が買えずにマラリアで亡くなった女の子の話である。

> その一家には余分なお金は全くなかった。それは，この一家だけではなく，多くの家庭が抱えている共通の問題であった。それでも，就学の 5 人の子供のうち 2 人の学費と，1995 年度の税金を完納できたというのは稀で，彼らは幸せを感じつつ暮らしていた。問題が起こったのは 3 月，5 歳の少女グレイスが重症のマラリアの発作を起こした時であった。資金に窮していたために，彼らが最初に頼みとしたのは，野生の薬草であった。不幸にも，少女の容体はよくならなかった。一家は借金をし，わずかなクロロキンとアスピリンを地元の店から買った。回復の兆しが見えたものの，2 週間後には少女の容態は急速に悪化した。5 月始めまでには，グレイスは衰弱しきっていた。両親は 2500 シリングで家畜の鶏を売り払い，近所の人の助けを借り，娘をンゴラ病院へ連れて行った。少女は即座に入院した。極度の貧血を起こしていて，緊急輸血が求められた。一家は 5000 シリングを請求されたが，とても払える額ではなかった。彼らは家に引き返して借金するあてを探したが，時すでに遅しであった。少女は 5 月 8 日に死亡し，翌日埋葬された。
>
> ウガンダ　1998 年

このようなことばかりでなく，貧困によって社会的な集団や共同体がどんどん壊されていき，社会的な結束が崩壊する。そこにあった規範や制裁行為などもどんどん崩壊するので，人々の行動を規制することができなくなってくる。そうすると，次のモルドバの話のようなことが起きる。道路は「攻撃的で酒に酔った若者」であふれ返っているために，多くの人々は夜間の外出を恐れている。助けがやってくることはほとんどないため，男女を問わず，残忍な暴力行為を受けることがしばしばである。

ある地域では，「未亡人が，自分の10歳になる娘の目の前で，7人の男たちによってレイプされた。そのうち3人は戻ってきて彼女を再度レイプしようとしたが，彼女はやっとの思いで窓から逃げた。それ以来彼女は妹の家に住んでおり，自宅に戻ることを恐れている」

モルドバ 1997年

グルジアでは，母親が，家族を支えるために，子どもを1人500ドルで売ったという話を，ある調査員が聞いたという。また，もう1人の調査員は，グルジアの首都トビリシ中央駅近くで，若い女性が彼女の子どもを売ろうとしているところを目撃した。通行人に「このままだと，この子は飢え死にする。お金はいらないから，誰かこの子を連れて行ってくれないか」と言っていたそうだ。1997年の話だが，今でも闇の世界で，500ドルほどの相場で子ども1人が売られていく，人さらい（human trafficking）という現実がある。

このような例が，のべ73カ国の6万人に調査を行った報告書3部作の中に，たくさん出てくる。われわれが見ることのできない，性質が異なった貧困とは，いったいどのようなものかを知るために，数値のデータではなく，こうした文字データも見る必要がある。

【貧困とは何か？】

ミクロの観点から，1人1人の貧困の差し迫った状態がいかなるものなのかを示した。これらを踏まえて，平和学が問題としている貧困とは何かを考え直してみよう。

日本もそうだが，先進国において，「精神的貧困」や「心が貧しい」とかよく言われる。それは「豊かさの中の貧困」という表現だと言えよう。世界全体を見てみると，そのような社会は，実は少数派だとわかる。結局のところ，貧困とは，まずは人間としての生命を維持するのに足る財，現金，収入がない状態のことである。あるいは，自給自足の生活を営んでいるところであれば，命を維持するための食料や水がない状態が，貧困の決定的な基本だと思われる。つまり，未来がない状態である。それが満たされて初めて，人間らしい生活を営むことができる。今はよくても，将来どうするか不安がある状態を，貧困と呼ぶのである。このように，貧困にもさまざまな段階があるということを，やはり理解しておかなければならない。

ここから言えることは何であろうか。場所や社会集団による貧困の特殊性がある。一方，特殊性はあるものの，国を超えた貧困の経験の共通性もある。物質的に物がない状態は，日本も経験したことがある。しかも，貧困の共通性として，貧困者ゆえの差別や屈辱という心理的な圧迫を受けることも挙げられる。先ほど紹介した『貧しい人々の声』の中で，貧困家庭の子どもには昼食が配給され古着が支給されるが，それは実は屈辱であり，また，やはり恥ずかしいという話があった。収入がないゆえに，こうした心理的圧迫まで受ける。これは，いわば，いわれのない差別に近い。

その上，飢餓，剥奪，無力感，尊厳の侵害，社会的孤立，脆弱性，資源の欠如，政府の汚職，サービス提供者による怠惰，ジェンダー格差といった，どこの社会にでも共通するような根本的な問題が，こうしたレポートには挙げられていて，それを読み取ることができる。

このようなことを言うと語弊があるかもしれないが，私を含め研究者たちは，国際連合などの国際会議のテーブルの上で，何度も同じような会議を開いている。そこで論じられることは，絶対的貧困とは何か，相対的貧困とは何か，貧困線はどこにあるか，貧困率とはどういうものか，先ほど紹介したジニ係数上どうなっているのかなどが研究されたり議論されたりしている。大変なお金をかけ，頻繁にこのような会議が開かれている。

ところが，実際，この小さな惑星，77億に近い人間が暮らしている地球を見てみると，例えば，そのうちの12億人，つまり6分の1に近い人が清潔な水を利用できない。想像できるだろうか。私たちは，水道をひねれば安全な水が出てくる。われわれ人類の半数は，例えばトイレなどの基本的な衛生施設を利用できない。電気やガスを利用できない人は20億人いる。内戦や政治的動乱に巻き込まれ，いつ死ぬかわからない人が5億人いる。1日1ドル未満で生活する人は12億人で，やはり5人に1人ほどである。1日2ドル未満で生活する人は28億人いる。

これが，地球の実態だ。絶対的貧困や相対的貧困がどこにあるか論じるのは結構だ，ローレンツカーブがこうだと研究するのもいい。しかし，実際に今，生きている人たちの中で，このような生活をしている人たちがこれほどいる。この現実をどのように見たらよいか。それが，平和学の取り組む課題になっているのだ。

【『貧しい人々の声』でわかったこと】

貧しい人々の視点に立った貧困の経験について，先に示したレポートに沿って述べてきたことをまとめると，5点ほどが挙げられよう。これがいわば1つの結論ということになる。

1. 貧困は多面的である。
2. 国家のサービスは一般的に貧しい人々に行き渡らない。
3. 貧しい人々の生活の中でNGOが果たす役割は限られており，貧しい人々自身の慣習的なネットワークに依存せざるをえない。
4. 家庭は貧困による重圧の下で崩壊しつつある。
5. 貧しい人々にとって唯一の「保障」である社会の連帯は，崩壊寸前である。

第1に，貧困は多面的である。第2に，国家のサービスは一般的に貧しい人たちに行き渡らない。これは大問題である。豊かな人には行き渡り，それを必要とする貧しい人々にはあまり行き渡らない。第3に，貧しい人たちの生活の中で，NGOなどが果たす役割は限られていて，貧しい人々自身の慣習的なネットワークに依存せざるをえない。今，世界各地で，若い人から高齢の方まで，さまざまな人たちが取り組んでいるが，NGOの役割は案外，限られている。最終的には，貧しい人々自身の慣習的にできあがっているネットワークに依存しなければ活動できない。第4に，家庭は貧困による重圧の下で崩壊しつつある。これは大変，重要なことである。家庭や家族とは，1つの社会単位である。それが貧困の重圧によってつぶされつつある。第5に，最も大変なことに，貧しい人たちにとって唯一の「保障」である社会の連帯は崩壊寸前である。つまり，共同体自体が貧困によってつぶれそうである。はっきり言ってしまえば，誰も人のことを考える余裕がない。今の地球は，そのような状態にある。

【貧困の連鎖】

それを図式化すると，図13–1のような形になるだろう。悪循環がつながって，貧困の連鎖と言うべきだろうか。左上の四角で示した部分は，貧困の要因の中でもまだまだ改善が可能だと言われるものである。社会保障制度は，なんとか手が入れられるのではないか。農業技術の移転ができるのではないだろうか。物価も保つことができるのではないだろうか。ところが，これがまずい方向に変化してしまうと，貧困が登場することになる。

解決に長い期間が必要な貧困の要因として，地理的な要因や気候，習慣，慣行，文化がある。ある地域では，女性は家の中では常に食事を一番後にすることがあり，何も食べ物が残っていないこともしばしばあり，栄養状態が家族の中でも悪い状態に置かれる。このようなものも習慣や慣行であり，ある意味では文化かもしれない。そのようなことが残ってしまっている。

また，教育の普及に失敗すると，やはり貧困が登場する。食料が足りなければ栄養失調，教育がまずくなれば教育水準の低下となる。それから，先ほど述べたように共同体が崩壊してくると，社会連帯の崩壊が起きる。長期的な要因には，自然環境の破壊もある。それぞれの要因に，その行きつく先がある。栄養失調だと飢え死にするか，免疫力が低下するので病死する。一度，栄養失調になると，多少長生きしてもさまざまな脳の障害を引き起こしていたりする。

教育水準が低下すると，よい就職口がないため，過酷な労働に従事しなければならない。あるいは，どちらが卵でどちらが鶏かわからないが，子どもが働くことになると教育水準が低下する。また，社会連帯の崩壊によって治安が悪

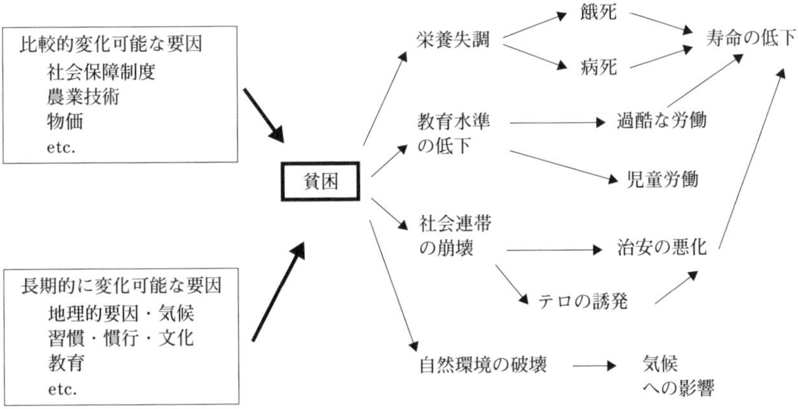

図 13-1　貧困の連鎖とも言うべき現象（筆者作成）

化する。

先ほどの『貧しい人々の声』でもレイプの例がでてくるのだが，貧困のために，社会規範が台無しになってしまう。貧困でやりきれなくなった人々がテロに走り，それがまた治安の悪化を招き，さらに寿命の低下も招く。自然環境が破壊されると，気候に影響を与え，これもまた人間の寿命に影響してくる。そうすると今度は，活力のない社会が訪れる。

このように，出てきたデータを，俯瞰的なものから虫瞰的なものまで含めて，貧困を分析する。そうすると，この講義の最初で述べたように，平和の反対は戦争だけではなく，貧困なども含むことが理解できるだろう。なぜなら，「構造的暴力」という現象が存在するからである。貧困も平和学の重要なターゲットの１つであることを，このようなところでも繰り返し学習できると思う。

参考文献

序

Newcombe, H., & Newcombe, A.（1969）. *Peace Research Around the World.* Oakville: Canadian Peace Research Institute.

岡本三夫（n. d.）. 長崎平和研究講座第 1 回 「平和とは何か，平和学入門」 https://home.hiroshima-u.ac.jp/heiwa/cons/kyoiku/nagasaki1.html

第 2 講

細谷千博（1973）. 対三極外交をいかに進めるか　中央公論，88, 6, pp. 89–115.

経済企画庁（1991）. 西太平洋地域における局地経済圏　平成 3 年 年次世界経済白書 https://www5.cao.go.jp/keizai3/sekaikeizaiwp/wp-we91-1/wp-we91bun-4-1-11z.html

モーゲンソー，H. J. 原彬久（監訳）（2013）. 国際政治：権力と平和（上・中・下） 岩波書店

スコット，A. M. 原彬久（訳）（1987）. 国際政治の機能と分析　福村出版

United Nations Development Programme（1992）. *Human Development Report 1992.* New York; Oxford University Press. http://hdr.undp.org/sites/default/files/reports/221/hdr_1992_en_complete_nostats.pdf

第 3 講

Dietrich, W.（2002）. Farewell to the One Peace. *Peace Review, 14*, 49–55.

Dietrich, W., & Sutzl, W.（1997）. *A Call for Many Peaces*. Peace center burg schlaining.

石田雄（1968）. 平和の政治学　岩波書店

The Molecule of the Month（n. d.）. http://www.chm.bris.ac.uk/motm/motm.htm

シュービン，N. 垂水雄二（訳）（2008）. ヒトのなかの魚，魚のなかのヒト：最新科学が明らかにする人体進化 35 億年の旅　早川書房

Understanding Evolution（n. d.）. Reconstructing trees: A simple example. https://evolution.berkeley.edu/evolibrary/article/0_0_0/phylogenetics_07

第 4 講

アメリカンセンター Japan（n. d.）. 14 カ条の平和原則（1918 年）https://americancenterjapan.com/wp/wp-content/uploads/2015/10/wwwf-majordocs-fourteenpoints.pdf

カー，E. H. 衛藤瀋吉・斉藤孝（訳）（1959）. 両大戦間における国際関係史　弘文堂

カー，E. H. 原彬久（訳）（2011）. 危機の二十年：理想と現実（新訳版）　岩波書店

カント　宇都宮芳明（訳）（1985）. 永遠平和のために　岩波書店

第 5 講

Ashford, O.（1985）. Prophet-or Professor? *The Life and Work of Lewis Fry Richardson.* Bristol: Hilger.

Boulding, K. E.（1963）. *Conflict and Defense*: A General Theory. Harper & Row.

De Morgan, A.（1915）. *A Budget of Paradoxes*. London: Open Court Publishing.

Fink, C. F. & Wright, C.（1970）. Quincy Wright on War and Peace: A Statistical Overview and Selected Bibliography. *The Journal of Conflict Resolution*, *14*, 543–554.

Gleditsch N. P.（ed.），（2019）. *Lewis Fry Richardson: His Intellectual Legacy and Influence in the Social Sciences*. Springer.

Mandelbrot, B.（1967）. How Long Is the Coast of Britain? Statistical Self-Similarity and Fractional Dimension. *Science*, *156*, 636–638.

Richardson, L. F.（1960）. *Statistics of Deadly Quarrels*. Boxwood Press.

Richardson, L. F.（2007）. *Weather Prediction by Numerical Process*, Second edition. Cambridge University Press.

Richardson, L. F. & Rashevsky, N.（1960）. *Arms and Insecurity*. Boxwood Press.

Wright, C.（1942）. *A Study of War*. University of Chicago Press.

第 6 講

Clausewitz, C. Von（1968）. *On War* edited by Anatol Rapoport. Penguin Edition.

前田康博（1961）. 対立の科学のために：A・ラパポート『闘争・ゲーム・討論』紹介　思想の科学，*34*, 1961 年 10 月号，88–93.

森祐二（1976）. A・ラパポートの平和研究：その思想的展開 「平和研究」その方法と課題，*54*, 30–44

Rapoport, A.（1953）. *Operational philosophy: integrating knowledge and action*. New York: Harper.

Rapoport, A.（1960）. *Fights, games, and debates*. Ann Arbor: University of Michigan Press.

Rapoport, A.（1964）. *Strategy and conscience*/ Introd. by Karl W. Deutsch. New York: Harper & Row.

ラポポート，A. 真田淑子（訳）（1965）. 一般意味論：人間の目標と科学　誠信書房

ラポポート，A. 真田淑子（訳）（1967）. 操作主義哲学：思考と行動の統合　誠信書房

ラパポート，A. 関寛治（編訳）（1969）. 現代の戦争と平和の理論　岩波書店

ラパポート，A. 坂本義和・関寛治・湯浅義正（訳）（1972）. 戦略と良心（上）岩波書店
Rapoport, A.（1974）. *Conflict in Man-made Environment*. Pelican books.
Rapoport, A.（2000）. *Certainties and Doubts: A Philosophy of Life*. Black Rose Books.
Rapoport, A.（2001）. *Skating on Thin Ice*. RDR Books.
ラパポート，A.・チャマー，A. M. 廣松毅・平山朝治・田中辰雄（訳）（1983）. 囚人のジレンマ：紛争と協力に関する心理学的研究　啓明社
Spencer, M.（2001）. Rapoport at Ninety. *Peace Magazine*, Oct-Dec, 23. http://peacemagazine.org/archive/v17n4p23.htm
多賀秀敏（1976）. アナトール・ラパポート著『人間の創った環境の中での紛争』 国際政治, *54*, 139–144.

第7講

Dasgupta, S.（1968）. Peacelessness and Maldevelopment: A New Theme for Peace Research in Developing Nations. *Proceedings of the International Peace Research Association Second Conference*（Assen, The Netherlands: Koninklijke Van Gorcum & Comp.）vol. 2.
Datt, G. & Ravallion, M.（2002）. Is India's Economic Growth Leaving the Poor Behind? *Journal of Economic Perspectives*, *16*, 89–108.
藤原新也（1982–1983）. 全東洋街道（上・下）集英社
堀田善衛（1957）. インドで考えたこと 岩波書店
クーン，T. 中山茂（訳）（1971）. 科学革命の構造　みすず書房
小田実（1961）. 何でもみてやろう　河出書房新社
消費者庁消費者政策課（2018）. 食品ロス削減関係参考資料　https://www.caa.go.jp/policies/policy/consumer_policy/information/food_loss/efforts/pdf/efforts_180628_0001.pdf

第8講

Galtung, J.（1969）. Violence, Peace, and Peace Research. *Journal of Peace Research*, *6*, 167–191.
ガルトゥング，J. 高柳先男・塩屋保・酒井由美子（訳）（1991）. 構造的暴力と平和　中央大学出版部
岡本三夫・横山正樹（編）（1999）. 平和学の現在　法律文化社

第9講

Evangelista, M.（1995）. The Paradox of State Strength: Transnational Relations, Domestic Structures, and Security Policy in Russia and the Soviet Union. *International Organization*, *49*, 1–38.
メドウズ，D. H.・メドウズ，D. L.・ランダース，J. 大来佐武郎（監訳）（1972）. 成長の限界　ダイヤモンド社

岡本三夫（1999）. 平和学：その軌跡と展開　法律文化社
Patomäki, H.（2001）. The Challenge of Critical Theories: Peace Research at the Start of the New Century. *Journal of Peace Research*, *38*, 723–737.
The Rotary Peace Center（n. d.）. https://www.rotarychula.org/
Sharp, G.（1973）. *The Politics of Nonviolent Action*. Extending Horizons Books.
高柳先男（2000）. 戦争を知るための平和学入門　筑摩書房
Weston, B. H., Schwenninger, S. R., & Shamis, D. E.（1978）. *Peace and world order studies: a curriculum guide*. Transaction Books.

第10講

ブートゥール，G.・キャレール，R. 高柳先男（訳）（1980）. 戦争の社会学：戦争と革命の二世紀 1740〜1974　中央大学出版部（Bouthol, G., & Carrere, R.（1976）. *Le defi de la guerre（1740–1974）: deux siecles de guerre et de revolutions*. Presses Universitaires de France）
ロビン・クラーク　松井巻之助（訳）（1972）. 現代戦争論　草思社
Eck, K.（2005）. A beginner's guide to conflict data. Finding the right dataset. UCDP Papers No 1. https://www.pcr.uu.se/digitalAssets/667/c_667482-l_1-k_ucdp_paper1.pdf
Levy, J. S.（1982）. Historical Trends in Great Power, 1495–1975. *International Studies Quarterly*, *26*, 278–300.
List Of Peacekeeping Operations 1948–2019.（n. d.）. https://peacekeeping.un.org/sites/default/files/unpeacekeeping-operationlist_3_1_0.pdf
The Military Balance（n. d.）. https://www.iiss.org/publications/the-military-balance
SIPRI Military Expenditure Database（n. d.）. https://www.sipri.org/databases/milex
Stockholm International Peace Research Institute（2019）. *SIPRI Yearbook 2019*. Oxford University Press.
多賀秀敏（1981）. 第三世界をめぐる兵器貿易　国際問題，*256*, 30–56.
UCDP Charts, Graphs and Maps（n. d.）. https://ucdp.uu.se/downloads/charts/#__utma=1.132715652.1583126380.1583126380.1583126380.1&__utmb=1.4.10.1583126380&__utmc=1&__utmx=-&__utmz=1.1583126380.1.1.utmcsr=%28direct%29¦utmccn=%28direct%29¦utmcmd=%28none%29&__utmv=&__utmk=88125851
UCDP Department of Peace and Conflict Research（n. d.）. https://www.pcr.uu.se/research/ucdp/
United Nations Peacekeeping: Troop and police contributors（n. d.）. https://peacekeeping.un.org/en/troop-and-police-contributors
United Nations Peacekeeping: Where we operate（n. d.）. https://peacekeeping.un.org/en/where-we-operate
Uppsala Conflict Data Program（n. d.）. https://ucdp.uu.se/?id=1&id=1
World Military Expenditures and Arms Transfers（n. d.）. https://www.state.gov/

world-military-expenditures-and-arms-transfers/

第 11 講

Atomic Heritage Foundation (2014). The Unlikely Pair (n. d.). https://www.atomicheritage.org/history/unlikely-pair

The British Library Board. Committee of 100 (n. d.). https://www.bl.uk/learning/histcitizen/21cc/counterculture/civildisobedience/comm100/committeeof100.html

中國新聞社 (2005-2007). 8.6 探検隊 (26) 米国はなぜ原爆を 2 種類造ったの？ http://www.hiroshimapeacemedia.jp/hiroshima-koku/exploration/index_20080310.html

広島平和記念資料館平和データベース (n. d.). http://www.pcf.city.hiroshima.jp/database/

毎日新聞 (2016). 北朝鮮「水爆実験」日本政府内に懐疑的な見方も https://mainichi.jp/articles/20160107/k00/00m/010/020000c

長崎大学核兵器廃絶センター (2018). 世界の核弾頭一覧 https://www.recna.nagasaki-u.ac.jp/recna/nuclear1/nuclear_list_201806

日本パグウォッシュ会議 (2019). ラッセル・アインシュタイン宣 (1955) https://www.pugwashjapan.jp/russell-einstein-manifesto

the Pugwash Conferences on Science and World Affairs (n. d.). https://pugwash.org/about-pugwash/

山崎正勝・日野川静枝 (1997). 原爆はこうして開発された 青木書店

第 12 講

絵所秀紀 (1997). 開発の政治経済学 日本評論社

FAO (2006). *A geospatial framework for the analysis of poverty and environment links*. Environment and natural resources working paper 25.

FAO (2010). Undernourishment around the world in 2010. *The state of food insecurity in the world 2010*, pp. 8–11. http://www.fao.org/3/i1683e/i1683e02.pdf

FAO (2018). The state of food security and nutrition in the world. http://www.fao.org/3/I9553EN/i9553en.pdf

FAO (2019). The state of food security and nutrition in the world. http://www.fao.org/3/ca5162en/ca5162en.pdf

JICA 研究所 (2008). 指標から国を見る：マクロ経済指標，貧困指標，ガバナンス指標の見方 https://www.jica.go.jp/jica-ri/IFIC_and_JBICI-Studies/jica-ri/publication/archives/jica/field/200803_aid02.html

国連人口基金 (n. d.). http://unfpa.or.jp/jinkograph.html

Prabhu (2017). How will we cope when there are too few young people in the world? https://www.brookings.edu/blog/future-development/2017/10/10/how-will-we-cope-when-there-are-too-few-young-people-in-the-world/

Prebisch, R. (1964). *Towards A New Trade Policy For Development*. New York: United

Nations.
Roser, M. & Nagdy, M. (2020). "Genocides". *Published online at OurWorldInData.org*. https://ourworldindata.org/genocides
総務省統計局 (2020). 国際連合 (UN) World Population Prospectsの使い方 https://www.stat.go.jp/data/sekai/pdf/pop.pdf
United Nations (2019). World Population Prospects 2019: Highlights. https://population.un.org/wpp/Publications/Files/WPP2019_Highlights.pd
United Nations Children's Fund (2018). Every Child ALIVE https://www.unicef.org/every-child-alive
United Nations Children's Fund (2018).『Every Child ALIVE〜すべての子どもに生きるチャンスを』ユニセフ グローバル・キャンペーン開始 https://www.unicef.or.jp/news/2018/0023.html
渡辺利夫 (2010). 開発経済学入門 第3版 東洋経済新報社
WTO (2009). World maps. https://www.wto.org/english/res_e/statis_e/its2009_e/its09_world_maps_e.htm

第13講

Narayan, D. (Ed.). (2000). *Voices of the Poor*. World Bank (貧しい人々の声：私たちの声が聞こえますか？ https://www.worldbank.org/ja/country/japan/publication/voices-of-the-poor)
World Bank (2001). *World Development Report 2000/2001: Attacking Poverty*. New York: Oxford University Press.

人名索引

事項索引

■さ　行

■た　行

■な　行

■は　行

■ま　行

■や　行

■ら　行

著者紹介

1949年，千葉県生まれ。1981年，早稲田大学大学院法学研究科博士課程単位取得退学。修士（法学）。新潟大学法学部助教授，同教授，早稲田大学社会科学総合学術院教授を経て，現在は早稲田大学名誉教授。1978年から1981年まで日本平和学会事務局長，2002年から2005年まで北東アジア学会長。2009年から2013年まで早稲田大学社会科学総合学術院長。専門は，平和学および国際関係論。

著書に *The New International Relations of Sub-Regionalism: Asia and Europe*（編著，Routledge，2018年），『平和学入門2』（勁草書房，2020年），『東アジアの重層的サブリージョンと新たな地域アーキテクチャ』（共編著，勁草書房，2020年），『アジア共同体：その構想と課題』（共著，蒼蒼社，2013年）がある。

平和学入門1

平和を理解するための思考のドリル

2020年5月20日　第1版第1刷発行
2023年9月20日　第1版第2刷発行

著　者　多《た》賀《が》秀《ひで》敏《とし》

発行者　井村寿人

発行所　株式会社　勁《けい》草《そう》書房

112-0005　東京都文京区水道2-1-1　振替　00150-2-175253
（編集）電話 03-3815-5277／FAX 03-3814-6968
（営業）電話 03-3814-6861／FAX 03-3814-6854
理想社・中永製本

ISBN978-4-326-30289-5　Printed in Japan